机场飞行区管理

主 编
赵明明

副主编
王 龙

清华大学出版社
北京

内 容 简 介

本书以机场飞行区各主要设施的运行管理作为逻辑主线，系统地介绍了机场飞行区管理的对象、活动及方法，重点突出机场飞行区管理中的民航规章、标准、机坪的运行管理、机场净空管理，以及飞行区的日常检查与维护，同时还注重在知识介绍过程中融入思政元素，让学生掌握专业知识的同时，培养正确的价值观念。全书共有 8 章，内容包括绪论、机场飞行区组成、机场目视助航设施、机坪运行、机坪运行管理、机场净空管理、机场道面强度通报和超载限制、飞行区日常检查与维护。

本书可以作为高等院校交通运输专业（机场运行与管理方向）、民航运输管理相关专业本科生、大专（高职）生等的教材，也可以作为民航在职管理人员等的培训教材或自学参考书。

本书封面贴有清华大学出版社防伪标签，无标签者不得销售。

版权所有，侵权必究。举报：010-62782989，beiqinquan@tup.tsinghua.edu.cn

图书在版编目（CIP）数据

机场飞行区管理 / 赵明明主编. -- 北京：清华大学出版社，2025.2.
ISBN 978-7-302-67948-6

Ⅰ. F560.81

中国国家版本馆 CIP 数据核字第 2025N6S608 号

责任编辑：陆浥晨
封面设计：汉风唐韵
责任校对：王荣静
责任印制：刘　菲

出版发行：清华大学出版社
网　　址：https://www.tup.com.cn，https://www.wqxuetang.com
地　　址：北京清华大学学研大厦 A 座　　邮　编：100084
社 总 机：010-83470000　　邮　购：010-62786544
投稿与读者服务：010-62776969，c-service@tup.tsinghua.edu.cn
质 量 反 馈：010-62772015，zhiliang@tup.tsinghua.edu.cn
课 件 下 载：https://www.tup.com.cn，010-83470332

印 装 者：三河市科茂嘉荣印务有限公司
经　　销：全国新华书店
开　　本：185mm×260mm　　印　张：12.25　　字　数：280 千字
版　　次：2025 年 3 月第 1 版　　印　次：2025 年 3 月第 1 次印刷
定　　价：49.00 元

产品编号：106555-01

前言

随着经济实力的不断提升,我国民航早已成为世界第二大航空运输系统。2020 年,突如其来的疫情对全球民航业造成了巨大的冲击,作为民航运输三大系统之一的"机场子系统"也面临着建设平安、绿色、智慧、人文机场的多重压力。机场飞行区作为机场核心的功能区之一,是供飞机起飞、着陆、滑行和停放使用的场地。一方面,中国民用航空局在 2021 年 12 月 1 日施行了《民用机场飞行区技术标准》(MH5001—2021),这就迫切要求涉及机场飞行区的相关教材内容及时更新;另一方面,越来越多高科技技术在机场的应用,也对机场飞行区的管理提出了更高的要求。鉴于以上原因,国内高等院校交通运输专业(机场运行与管理)、民航运输管理相关专业学生以及从事机场飞行区管理的一线人员迫切需要一本系统介绍机场飞行区管理新业务知识的书。因此,作者编写了这本书。

在编写过程中,作者参考了最新颁布的国际民航组织和中国民航有关机场飞行区的规章、标准、咨询通告等,同时,还参阅了大量公开出版的有关书籍、文章和其他内部交流的资料。在此,向以上文献的作者一并表示感谢。

本书第 6 章由山东航空学院飞行学院王龙编写,其余章节均由赵明明编写并统稿。北京首都国际机场李福辰、北京大兴国际机场孟丽娜、青岛新南山航空培训有限公司刘宁宁、山东航空学院机场学院交通运输教研室全体成员在教材编写过程中参与了资料收集和部分章节的修正,中国民航大学交通科学与工程学院欧阳杰教授、青岛流亭国际机场原安全监察处处长汪明杰对本书的编写提供了宝贵的意见。在此,谨向以上专家致以诚挚的谢意。

受限于个人水平及机场飞行区管理技术的更新,书中难免存在不妥之处,恳请广大读者给予批评指正。

作 者
2024 年 5 月

目 录

第1章　绪论 ··· 1
　　1.1　机场基础知识 ··· 1
　　1.2　民航法律和规章 ··· 9
　　即测即练 ·· 14

第2章　机场飞行区组成 ··· 15
　　2.1　跑道及其附属设施 ·· 15
　　2.2　滑行道系统 ··· 27
　　2.3　机坪系统 ··· 32
　　即测即练 ·· 35

第3章　机场目视助航设施 ··· 36
　　3.1　指示标 ··· 36
　　3.2　道面标志 ··· 37
　　3.3　滑行引导标记牌 ·· 55
　　3.4　助航灯光 ··· 62
　　即测即练 ·· 76

第4章　机坪运行 ··· 77
　　4.1　航空器机坪作业保障 ·· 77
　　4.2　航空器地面指挥 ·· 86
　　4.3　地面牵引航空器 ·· 89
　　4.4　航空器泊位引导 ·· 92
　　4.5　机坪管制 ··· 95
　　即测即练 ·· 102

第5章　机坪运行管理 ··· 103
　　5.1　机坪检查及机位管理 ·· 103

5.2 机坪作业人员管理 ··· 104

5.3 车辆及设备设施管理 ··· 105

5.4 机坪环境卫生管理 ··· 107

5.5 机坪消防管理 ··· 109

即测即练 ··· 110

第 6 章 机场净空管理

6.1 机场净空范围及管理内容 ·· 111

6.2 障碍物限制面的组成 ··· 113

6.3 障碍物限制管理 ··· 122

6.4 机场鸟击及动物的防范 ··· 128

6.5 电磁环境管理 ··· 132

即测即练 ··· 133

第 7 章 机场道面强度通报和超载限制

7.1 ACN-PCN 方法 ··· 134

7.2 ACR-PCR 方法 ··· 137

7.3 机场道面超载限制要求 ··· 139

即测即练 ··· 140

第 8 章 飞行区日常检查与维护

8.1 飞行区设施设备维护要求 ··· 141

8.2 道面巡视检查与保洁 ··· 142

8.3 机场除冰雪 ··· 155

8.4 航空器除/防冰 ··· 162

8.5 机场不停航施工管理 ··· 167

8.6 机场围界、道口和巡场路管理 ··································· 171

8.7 机场目视助航设施维护 ··· 174

8.8 旅客登机廊桥管理 ··· 176

8.9 飞行区排水系统维护 ··· 178

8.10 土质地带检查与维护 ··· 179

8.11 跑道侵入 ··· 182

即测即练 ··· 185

参考文献 ··· 186

第 1 章 绪 论

机场是实现旅客、行李及货物由地面运输到空中运输的枢纽。《国际民用航空公约》附件 14《机场》（第九版）、我国《民用机场飞行区技术标准》（MH5001—2021）对机场的定义如下：陆上或水上的一块划定区域（包括所有建筑物、设施和设备），其全部或部分供航空器着陆、起飞和地面活动之用。

1.1 机场基础知识

1.1.1 机场分类及组成

1. 机场的分类

按照机场用途，机场分类如图 1.1 所示。

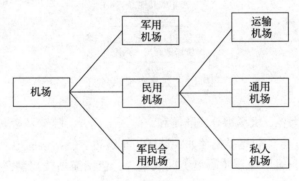

图 1.1　按照机场用途分类

运输机场是指供运输旅客或者货物的民用航空器起飞、降落、滑行、停放以及进行其他活动使用的划定区域；通用机场是指使用民用航空器从事公共航空运输以外的民用航空活动而使用的机场。后文中所指的机场均为运输机场。

按照航线性质，机场分为国际机场和国内机场。国际机场是指开通国际航线的机场；国内机场是指仅开通国内航线的机场。国际机场一般也同时供国内航线定期航班飞行使用。

按照航线布局，机场分为枢纽机场、干线机场、支线机场。枢纽机场是全国航空运输网络和国际航线的枢纽，如北京、广州、上海等五个门户复合枢纽机场及成都、昆明等八大区域性门户枢纽机场；干线机场是指以国内航线为主，兼有少量国际航线的机场，一般为省会、自治区首府及重要旅游、国家重点开发建设城市的机场；支线机场指分布在各省、自治区内,设有通往邻近省区的短途航线的机场。

按照旅客乘机目的地,分为始发机场、终到机场、中转机场、经停机场。中转机场与经停机场的区别在于:①中转旅客需要换飞机,经停旅客不需要换飞机;②中转是两个不同的航班号,经停只有一个航班号;③中转旅客一定要下飞机办理中转手续,经停旅客可以不下飞机。

2. 机场的组成

按照运行组织的特点,将机场划分为空侧和陆侧,如图1.2所示。

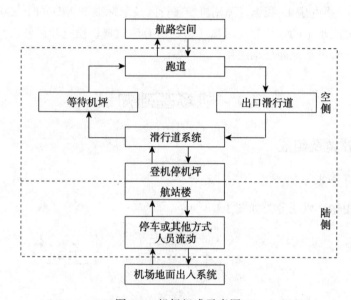

图1.2 机场组成示意图

以机场安检口为界,机场被分成陆侧和空侧两个部分。陆侧是指安检之前的区域,也叫非控制(非隔离)区,包括航站楼非控制区、车道边、航站楼前地面交通系统;空侧是指安检之后的区域,也叫控制(隔离)区或禁区,包括航站楼控制区、站坪、飞行区、空域。

按照机场管理区域,机场包括飞行区、航站区、货运区、空管设施、供油设施、消防站、办公区、生活区等。其中,飞行区、航站区、地面运输区为机场的三大主要功能分区。机场功能分区示意图,如图1.3所示。

1)飞行区

《民用机场飞行区技术标准》(MH5001—2021)中对飞行区的定义为:供飞机起飞、着陆、滑行和停放使用的场地,一般包括跑道、滑行道、机坪、升降带、跑道端安全区,以及仪表着陆系统、进近灯光系统等所在的区域,通常由隔离设施和建筑物所围合。

2)航站区

航站区是指机场内以旅客航站楼为中心,包括机坪、旅客航站楼建筑和车道边、停车设施及地面交通组织所涉及的区域。

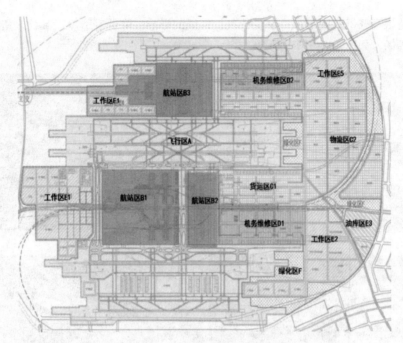

图 1.3　机场功能分区示意图

（1）航站楼。

航站楼是供旅客完成从地面到空中或从空中到地面转换交通方式用的，是机场的主要建筑。主要包括以下设施：①办理各种手续的设施，如值机、托运行李的柜台、安检设施、行李提取处、海关检查、边防检查、检验检疫等；②连接飞行的设施，如中转旅客办理手续场所、候机场所、人行步道、登机口、登机廊桥等；③航空公司和机场的办公场所；④服务设施，如餐厅、商业设施。

按照航站楼与飞机停放位置关系，航站楼水平布局模式分为四种。

①线形。这是一种最简单的水平布局模式，旅客通过登机廊桥上下飞机。该布局方式优点是简单，节约资源，旅客步行距离短；缺点是停机位数量少，适合客流量较少的机场。其代表机场为东营胜利机场，如图1.4（a）所示。

②指廊型。由航站楼空侧边向外伸出多个指廊，指廊旁边布置停机位。该布局方式优点是只需增加指廊，不需要扩建航站楼主体，就可以增加停机位数量，经济性较好；缺点是指廊较长时，旅客步行距离较长。其代表机场为北京大兴国际机场，如图1.4（b）所示。

③卫星厅型。在主体航站楼空侧一侧布置一座或多座卫星厅式建筑物，这些建筑物通过地下、地面或高架廊道与主体航站楼连接，卫星厅周围可布置停机位。该布局方式优点是可以增加延展航站楼的空间；缺点是远期不方便扩建。其代表机场为上海浦东国际机场，如图1.4（c）中S1、S2所示。

④转运车型。飞机不接近航站楼，而是远停在站坪上，通过接送旅客的摆渡车来建立航站楼与飞机间的关系。该布局模式的优点是高效使用航站楼，降低基建和登机廊桥的投

资；缺点是旅客登机时间增加，易受天气、气候的影响，降低舒适度。其代表机场为上海虹桥国际机场，如图1.4（d）所示。

图1.4　航站楼水平布局模式

（2）车道边及交通设施。

车道边是指航站楼前供旅客及行李上、下的地区。根据航站楼出港层和到港层的设置，车道边也包括出港层车道边和到港层车道边。为了提高车道边的服务效率，车道边一般设置多幅路，每幅路服务不同种类的车辆。车道边如图1.5所示。

图1.5　车道边

随着经济技术的发展，进出机场的地面交通方式多种多样，如小轿车（私家车、出租车、网约车）、公共汽车、大巴车、轨道交通等，因此越来越多大型机场设有专门的地面交通中心（ground transportation center，GTC），内设停车场、轨道交通车站、高铁站、公共汽车站等，可以实现各种交通工具之间无缝换乘。

（3）机坪。

机坪是机场内供航空器上下旅客、装卸货物或邮件、加油、停放或维修等使用的一块划定区域。根据用途不同，机坪分为客机坪、货机坪、维修坪、通用航空机坪、机库机坪、试车坪以及其他地面服务机坪等。机坪上用以停放飞机的特定场地叫做机位，根据飞机是否使用廊桥，将机位分为近机位和远机位。

飞机相对于航站楼的停靠方位有与机身平行、机头垂直向内、机头斜角向内、机头斜角向外四种方式，如图1.6所示。飞机进出机位既可以自行移动，也可以依靠牵引车。

图1.6 飞机相对于航站楼停靠方位

①机身平行航站楼。采用此种停靠方位时，飞机能自行操纵进出停机位，但是机身平行航站楼会占用很大的机位尺寸。

②机头垂直向内。采用此种停靠方位时，飞机可以自行操纵进入停机位，滑出停机位时需要牵引车的引导；占用机位尺寸较小，且噪声较小，对航站楼没有尾喷气流吹袭。因此，此种停靠方位被采用得最多。

③机头斜角停放。当飞机斜角停放时，机头都能自行操纵进出机位，不需要牵引车的引导。机头斜角向内停放时，飞机退出时需要旋转180°，所需要的机位尺寸较大；机头斜角向外停放时，飞机启动时的噪声和尾喷气流对航站楼影响较大。

3）货运区

货运区主要包括供货物办理托运手续、装上飞机以及从飞机卸货、临时存储、交货等用途。主要由综合业务楼、货运仓库、货运站、装卸场及停车场等部分组成，货机来往较多的机场还设有货机坪。

4）空管设施

空管设施包括通信、导航、监视、气象等设施，如甚高频通信系统、仪表着陆系统 ILS 以及一次、二次雷达等。

5）供油设施

机场供油设施包括收发油设施、储油设施和加油设施。收发油设施包括铁路收发、码头收发、汽车收发以及管线收发设施等；储油设施包括油库、中转油库；加油设施包括特种车辆加油站、输油管线、机坪加油管线、加油车（罐式加油车、管线加油车）、加油井、加油栓等。

6）消防站

消防站包括消防站、消防供水设施、应急救援指挥中心以及救援设施（消防车、急救车）等。

7）办公区

办公区包括供机场当局、航空公司、联检等行政单位办公用，有时还包括民航管理机构、民航安全监督机构、空管、公安等。

8）生活区

生活区指居住和各项生活的活动场所。主要有宿舍、食堂、澡堂、门诊、俱乐部、商店、邮局、银行等。

1.1.2 机场命名与代码

1. 机场命名的规则

交通运输部关于修改《运输机场使用许可规定》的决定第三十七条规定：机场名称一般由行政区划名，后缀机场专名组成。所以我国机场一般命名方式如下。

城市名+机场具体所在的镇或乡或区+（国际）机场，如拉萨贡嘎机场（贡嘎是西藏自治区山南市的下辖县）。如果机场已开通国际航线，需要机场前面加上国际，如济南遥墙国际机场（遥墙是济南市历城区的遥墙镇）。

除此之外，还有的机场以城市名+著名特征命名，如北京首都国际机场（北京是我国多个朝代的都城）、常德桃花源机场（桃花源是常德的著名旅游区）、遵义茅台机场（该机场由茅台集团和仁怀市人民政府共同出资建设）；还有机场以纪念意义命名，如云南腾冲驼峰机场（纪念抗日战争期间飞虎队开辟的驼峰航线）。

国外机场一般以人名命名，如纽约肯尼迪国际机场、巴黎戴高乐国际机场。

2. 机场代码

机场代码分为两种，分别是 IATA 三字代码和 ICAO 四字代码。

1）IATA 三字代码

IATA 三字代码是由国际航空运输协会（International Aviation Transport Association,

IATA）为机场制定的统一编码，由三位大写字母组成，刊登在 IATA 机场代码目录中。IATA 三字代码是 SITA[①]电报中经常用到的地名代码，用来发送动态电报，SITA 电报是空管部门与航空公司运控中心相互联系的主要手段，用来传递航班计划、航班动态。

机场三字代码是由 IATA 统一编码的，需要先申请，获批后才可使用。因此，很多代码已经被先申请的机场使用了，越是后来申请的机场，其代码与机场的名称相关性越小，如美国洛杉矶机场，其三字代码为 LAS，源于其英文名称 Los Angeles；而上海浦东机场的三字代码为 PVG，与 PUDONG 关系不大。

2）ICAO 四字代码

ICAO 四字代码由国际民用航空组织（International Civil Aviation Organization，ICAO，简称民航组织）制定，由四位大写字母组成，是民用航空飞行动态固定电报的组成部分，用于空中交通管理部门之间传输航班动态，航班信息处理系统中就是以 ICAO 四字代码代表起飞机场和目的地机场。

ICAO 四字代码与 IATA 三字代码不同，不会重复，不会被提前注册的机场使用。通常第一位字母代表所属大洲，英国机场都是以 EG 开头，美国大陆使用 K 开头，大多数 Z 开头的是中国机场（不含 ZK-朝鲜和 ZM-蒙古），东南亚地区以 V 开头，欧洲地区以 E 开头。第二位字母代表所属国家，剩下两位字母代表所属城市，如泰国素万那普国际机场，四字代码为 VTBS，第一个字母 V 代表东南亚地区，第二个字母 T 代表泰国（Thailand），BS 代表曼谷（Bangkok）。一些幅员辽阔的国家则以第一位字母代表国家，其余三个字母用于区分城市，如中国上海浦东国际机场 ICAO 四字代码为 ZSPD，Z 代表中国，SPD 代表 SHANGHAIPUDONG。

表 1.1 为国内外部分机场的三字代码和四字代码。

表 1.1　国内外部分机场的三字代码和四字代码

机场名称	所属国家	城市名称	城市英文名称	IATA 三字代码	ICAO 四字代码
北京大兴机场	中国	北京	BEIJING	PKX	ZBAD
北京首都机场	中国	北京	BEIJING	PEK	ZBAA
上海虹桥机场	中国	上海	SHANGHAI	SHA	ZSSS
广州白云机场	中国	广州	GUANGZHOU	CAN	ZGGG
希思罗机场	英国	伦敦	LONDON	LHR	EGLL
肯尼迪机场	美国	纽约	NEWYORK	JFK	KJFK
乌兰巴托机场	蒙古	乌兰巴托	ULANBUTOR	ULN	ZMUB
平壤机场	朝鲜	平壤	NIMES	FNJ	ZKPY
加尔各答机场	印度	加尔各答	CALCUTTA	CCU	VECC
汉堡机场	德国	汉堡	HAMBURG	HAM	EDDH

---

① 国际通信网络包含两种电路，即 SITA 电路和 AFTN 电路。SITA 电路是国际航空电信公司专门承担国际航空公司通信和信息服务的合资性组织，1949 年 12 月由 11 家欧洲航空公司的代表在比利时的布鲁塞尔创立，是为传递各种航空公司之间运输业务电报服务的。

1.1.3 机场等级划分

1. 机场飞行区等级

按照国际民航组织和中国民航局的要求,机场飞行区等级包括指标Ⅰ和指标Ⅱ,指标Ⅰ是指拟使用该飞行区跑道的各类飞机中最长的基准飞行场地长度,用数字 1、2、3、4 表示,指标Ⅱ是指拟使用该飞行区跑道的各类飞机中的最大翼展长度,用字母 A、B、C、D、E、F 表示,具体等级见表 1.2。

表 1.2 机场飞行区等级划分

飞行区指标Ⅰ	飞机基准飞行场地长度/m	飞行区指标Ⅱ	翼展/m
1	＜800	A	＜15
2	[800,1200)	B	[15,24)
3	[1200,1800)	C	[24,36)
4	≥1800	D	[36,52)
		E	[52,65)
		F	[65,80)

注:表中数据源自《民用机场飞行区技术标准》(MH5001—2021)。

2. 机场旅客吞吐量规模等级

按照机场旅客吞吐量大小,将机场分为四种类型,见表 1.3。

表 1.3 机场按年旅客吞吐量规模分类

规划规模类别	年旅客吞吐量/万人次
超大型机场	≥8000
大型机场	[2000,8000)
中型机场	[200,2000)
小型机场	＜200

注:表中数据源自《运输机场总体规划规范》(MH/T5002—2020)。

3. 机场跑道导航设施等级

按照机场跑道导航设施的配置情况,将跑道分为非仪表跑道和仪表跑道。

非仪表跑道——只能供飞机用目视进近程序飞行的跑道或用仪表进近程序飞行至某一点之后飞机可继续在目视条件下进近的跑道。

仪表跑道——配备有目视助航设施和非目视助航设施,可供飞机用仪表进近程序飞行的跑道,分为非精密进近跑道和精密进近跑道,其中精密进近跑道又分为Ⅰ类精密进近跑道、Ⅱ类精密进近跑道、Ⅲ类精密进近跑道。

(1)非精密进近跑道

最低下降高度或决断高度不低于 75 m,能见度不小于 1000 m 的仪表进近运行的跑道。

（2）Ⅰ类精密进近跑道

决断高[①]低于 75 m 但不低于 60 m，能见度[②]不小于 800 m 或跑道视程[③]不小于 550 m 的仪表进近运行的跑道，代码为 CAT Ⅰ。

（3）Ⅱ类精密进近跑道

决断高低于 60 m 但不低于 30 m，跑道视程不小于 300 m 的仪表进近运行的跑道，代码为 CAT Ⅱ。

（4）Ⅲ类精密进近跑道

决断高低于 30 m 或无决断高，跑道视程小于 300 m 或无跑道视程限制的仪表进近运行的跑道，代码为 CAT Ⅲ。根据对目视助航设备的需要程度进一步划分为三类。

① Ⅲ A——用于决断高低于 30 m 或无决断高，且跑道视程不小于 175 m 时运行。

② Ⅲ B——用于决断高低于 15 m 或无决断高，且跑道视程小于 175 m 但不小于 50 m 时运行。

③ Ⅲ C——用于无决断高要求和无跑道视程限制时运行。

4. 机场消防保障等级

按照机场使用的航空器机身长度、宽度确定机场消防和救援所使用物资类型和数量，因此，航空器尺寸越大，救援和消防的等级越高，见表 1.4。

表 1.4 按航空器机身长度、宽度划分的消防保障等级

消防保障等级	机身全长/m	机身最大宽度/m
1	（0，9）	2
2	[9，12）	2
3	[12，18）	3
4	[18，24）	4
5	[24，28）	4
6	[28，40）	5
7	[40，49）	5
8	[49，61）	7
9	[61，76）	7
10	[76，90）	8

注：表中数据源自《民用航空运输机场飞行区消防设施》（MH/T 7015—2007），征求意见稿已于 2024 年 4 月 1 日发布。

1.2 民航法律和规章

民用航空法是调整民用航空活动所产生的社会关系的法律，是关于航空器及其运行的

[①] 决断高度（decision height，DH）：在精密进近和非精密进近中规定的一个高度，在这个高度上，如果不能建立为继续进近所需的目视参考，必须开始复飞。

[②] 能见度（visibility，VIS）：当在明亮的背景下观测时，能够看到和辨认出位于近地面一定范围内的黑色目标物的最大距离；在无光的背景下观测时，能够看到并辨认出光强为 1000cd 灯光的最大距离。

[③] 跑道视程（runway visual range，RVR）：表示在跑道中心线上，航空器上的驾驶员能够看到道面上的标志或跑道边灯或中线灯的距离。

法律规则的总和，是规定领空主权、管理空中航行和民用航空活动的法律规范的总称。

1.2.1 民用航空法的特征

1. 国际性

由于空气、空间是立体的，且在各国之间是没有界线的，因此航空活动天然的国际性就决定了航空法的国际性。航空法的国际性一方面要求国内航空标准和法规的制定要服从于世界统一的航空技术标准和航空法律法规；另一方面要求国内航空法要保障我国领空权及航空器在国际飞行的权利。

2. 独立性

航空法是用来规定领空主权、管理空中航行和规范民用航空活动的，而不是用来管理和规范其他行业的，因此具有独立性。在航空活动开始发展以后，人们也试图将航海的法律套用到航空上，但是实践证明，航空有其自身的特点，因此人们在原有法律的基础上进行适应性更改，逐渐形成了完善的、独立的国际航空法规体系。

3. 综合性

航空法是专门针对航空领域的法律，且航空法涉及面非常广，包括航空公法、航空私法、航空刑法等，在处理一件航空案件时，可能同时涉及航空公法和航空私法，因此，航空法具有综合性。

4. 动态性

任何一部航空法律的颁布，背后都有血淋淋的教训。人们在实践过程中也是对现有航空法进行不断更新、补充。比如，在2001年发生的美国"9·11"恐怖袭击后，美国及世界各国相继出台一系列航空安全法。

1.2.2 我国民航法规体系

新中国成立之初，我国民航法规体系还不健全。改革开放之后，我国民航法规体系逐步完善，形成了以民航法律、民航行政法规，以及民航部门规章三位一体的民航法规体系。

1. 民航法律

民航法律由全国人民代表大会及其常务委员会制定，是民航行政法规和部门规章的上位法，在三者中具有最高的法律效力。

我国现有的民航法律是《中华人民共和国民用航空法》，这是我国第一部真正意义上的航空法律，是我国民航法规体系的根基，在我国民航法规体系中居于核心地位。该法律于1995年10月30日第八届全国人民代表大会常务委员会第十六次会议通过，并于2018年12月29日第十三届全国人民代表大会常务委员会第七次会议进行了修订。当前版本于2021年4月29日第十三届全国人民代表大会常务委员会第二十八次会议修改。该法共16章215条，内容涉及民用航空器国籍与权利、民用航空器适航管理、航空人员管理、民用机场建设与管理、空中航行、公共航空运输企业管理以及搜寻救援和事故调查等。

2. 民航行政法规

民航行政法规由国务院总理以国务院令发布或授权民航局发布，是民航部门规章的上位法，是我国民航法规体系的枝干，居于我国民航法规体系的第二层级。

我国现行有效的民航行政法规共 27 部，内容涉及民用航空器国籍及权利、空域和飞行管理、通用航空管理、民航安全等方面。在民用航空器国籍及权利方面，如国务院第 232 号令《中华人民共和国民用航空器国籍登记条例》、国务院第 233 号令《中华人民共和国民用航空器权利登记条例》；在空域和飞行管理方面，如 2001 年 8 月 1 日起实施的《中华人民共和国飞行基本规则》。

3. 民航部门规章

民航部门规章是由中国民用航空局依据《中华人民共和国民用航空法》和《国际民用航空公约》制定和发布的关于民用航空活动各个方面的专业性、具有法律效力的行政管理法规。我国从 1985 年开始制定民航部门规章，现在已经形成了非常完善的部门规章体系。按照所涉及的领域划分，该规章体系分为 15 类，分别是行政程序规则，航空器，航空人员，空域、导航设施、空中交通规则和一般运行规则，民用航空企业合格审定及运行，学校、非航空人员及其他单位的合格审定及运行，民用机场建设和管理，委任代表规则，航空保险，综合调控规则，航空基金，航空运输规则，航空保安，科技和计量标准，航空器搜寻救援和事故调查。每一类别下面包含不同数量的中国民航规章（China Civil Aviation Regulations，CCAR）部号。我国现行有效的民航部门规章体系可以在中国民用航空局官网查询。

现行民航部门规章及规章编号分类如下。

行政程序规则（1~20 部）

航空器（21~59 部）

航空人员（60~70 部）

空域、导航设施、空中交通规则和一般运行规则（71~120 部）

民用航空企业合格审定及运行（121~139 部）

学校、非航空人员及其他单位的合格审定及运行（140~149 部）

民用机场建设和管理规则（150~179 部）

委任代表规则（180~189 部）

航空保险（190~199 部）

综合调控规则（201~250 部）

航空基金（251~270 部）

航空运输规则（271~325 部）

航空保安（326~355 部）

科技和计量标准（356~390 部）

航空器搜寻救援和事故调查（391~400 部）

4. 其他规范性文件

规范性文件是由民航局各厅、司、局、室制定的民航行业管理性文件,是民航部门规章的补充性文件,规定了民航部门规章的具体实施方法、管理程序或对条款的解释说明。

规范性文件包括咨询通告（advisory circular，AC）、管理程序（aviation procedure，AP）、管理文件（management document，MD）、工作手册（working manual，WM）、信息通告（information bulletin，IB）、表格（Chart，CH）六类,详见中国民用航空局官网（http://www.caac.gov.cn）。

1.2.3 国际航空法

1783 年,法国蒙特哥菲尔兄弟制造出人类历史上第一个热气球,并飞行了 25 分钟。而在 1784 年巴黎市政府就颁布一条治安法令,规定：未经批准,不得放飞。这应该是人类历史上第一个航空法令。直到后来 1919 年《巴黎公约》的签订,国际航空法经过了 100 多年的发展,现在已经非常完善。

按照所处理的事件范围不同,国际航空法分为航空公法、航空私法、航空刑法。

1. 航空公法

航空公法主要处理国家之间的民用航空事务和关系,以《芝加哥公约》为代表。

1）《国际民用航空公约》

1944 年第二次世界大战结束,各同盟国为了确定战后国际航空的运行秩序,在加拿大蒙特利尔成立国际民航组织（ICAO）,并于 1944 年 12 月 7 日在美国芝加哥签订了《国际民用航空公约》,简称《芝加哥公约》。该公约是国际民航组织的宪章性文件,从国家航空主权原则的确认、飞机的权利、国家主权、设立国际民用航空组织、争议和违约等方面进行了规定。国际民航组织现有 193 个成员国,中国于 1974 年 2 月 15 日决定承认《国际民用航空公约》,并从该日起参加该组织的活动,现在是国际民航组织的一类常任理事国。

2）《国际民用航空公约》附件

国际民用航空公约附件,又称国际标准和建议措施,是指由国际民航组织在国际民用航空公约的原则下制定,是包括民航各个活动的具有约束力的技术性文件。到现在为止,《国际民用航空公约》共有 19 个附件,分别是：附件 1—人员执照、附件 2—飞行规则、附件 3—国际空中航行的气象服务、附件 4—航图、附件 5—在空中和地面操作中使用的计量单位、附件 6—航空器运行、附件 7—航空器国籍和登记标志、附件 8—航空器适航性、附件 9—简化手续、附件 10—航空电信、附件 11—空中交通服务、附件 12—搜寻与救援、附件 13—航空器事故与事故征候调查、附件 14—机场、附件 15—航空情报服务、附件 16—环境保护、附件 17—保安：保护国际民用航空免遭非法干扰行为、附件 18—危险品的安全航空运输、附件 19—安全管理。

2. 航空私法

航空私法是处理在国际航空中承运人和乘客及货主之间责任的法规,核心法规是以《华沙公约》为主体的华沙体系。

1)《华沙公约》

由于国际航班上旅客与承运人可能国籍不同，一旦出现纠纷，该依据哪个国家的法律进行处理，为了解决这个难题，1929年9月12日各缔约国在波兰华沙签订了《华沙公约》，全称是《统一国际航空运输某些规则的公约》，1933年2月13日生效，这也是民航史上第一个国际航空私法公约。《华沙公约》对国际航空运输中的运输凭证、承运人责任、联合运输等方面都做了统一的规定。

2）华沙体系

为了适应形势的发展，后续各缔约国又对《华沙公约》进行了修改和补充，形成了包括《华沙公约》在内的总共8个文件，称为"华沙体系"，包括1929年制定的《华沙公约》、1955年制定的《海牙议定书》、1961年《瓜达拉哈拉公约》、1971年《危地马拉城议定书》、1975年《蒙特利尔议定书》1号、2号、3号、4号。

第二次世界大战结束后，航空运输业迅速发展，各成员国之间就赔偿限额的高低产生了分歧，于是1955年在荷兰海牙召开的会议上通过了《海牙议定书》。相比于《华沙公约》，《海牙议定书》依然对承运人采取过失的责任制，但是将对每名旅客的赔偿责任限额提高了一倍，延长了旅客提出异议的期限，还删除了航空运输发展初期一些不合理的技术规定。这是《华沙公约》的第一次修订。尽管有很多修改，但是《海牙议定书》不能脱离《华沙公约》而独立存在。中国政府于1975年8月20日向荷兰政府交存批准书，同年11月8日《海牙议定书》对中国生效。

20世纪60年代末至70年代初，国际货币危机出现，黄金价格浮动较大，以金法郎作为赔偿单位不太合适，因此1975年在加拿大蒙特利尔召开的国际航空法会议上提出要对《华沙公约》进行修订，提出了4个《蒙特利尔议定书》。提出以下修订：将赔偿单位由金法郎改为国际货币组织规定的"特别提款权"且仅适用于国际货币组织成员国；更加明确了承运人的客观责任，规定只有在托运的货物原有缺陷、包装不好或战争时承运人才有责任；还对电子版货运凭证的填写作出规定。

3. 航空刑法

航空刑法是处理在航空器上或航空器地面场所的犯罪行为的法规，以《东京公约》为核心法规。

《东京公约》又名《关于在航空器内犯罪和其他某些行为的公约》，由国际民航组织在1963年9月14日在日本东京签订，我国于1978年11月4日加入该公约。《东京公约》规定：无论犯罪发生在哪里，航空器登记国都可以行使管辖权，但同时也规定了一些并行管辖权，如属人管辖权、属地管辖权、保护性管辖权和普遍性管辖权等；对机长的权力作出规定。

《海牙公约》又名《关于制止非法劫持航空器的公约》，1970年12月6日由国际民航组织在荷兰海牙签订，我国于1980年10月10日加入该公约。《海牙公约》认为劫机是国际犯罪行为，应给予严厉处罚，要么引渡，要么按罪犯所在国的法律起诉判刑。

《蒙特利尔公约》又名《制止危害民用航空器安全的非法行为公约》，1971年9月23日在加拿大蒙特利尔签订，我国于1980年9月10日加入该公约。《蒙特利尔公约》和《海牙公约》一样都是制止犯罪的，区别在于后者是针对劫机的，前者是针对损坏飞机和制造爆炸的。还需要注意的一点是：《蒙特利尔公约》的使用范围是正在使用中的飞机，包括飞机的准备阶段、使用中和降落后的 24 小时。

1988 年制定的《蒙特利尔协定书》对《蒙特利尔公约》进行了补充，对犯罪行为的定义进行了补充。

为了减少以摧毁航空器、其他运输工具以及其他目标为目的的恐怖行为，1991 年国际民航组织制定《蒙特利尔公约》，又称《关于注标塑性炸药以便探测的公约》(以下简称《公约》)，《公约》规定缔约国应采取必要的和有效的措施，禁止和阻止在其领土上制造非注标炸药。

即测即练

第 2 章

机场飞行区组成

《民用机场飞行区技术标准》(MH5001—2021)中对飞行区是这样定义的:供飞机起飞、着陆、滑行和停放使用的场地,一般包括跑道、滑行道、机坪、升降带、跑道端安全区,以及仪表着陆系统、进近灯光系统等所在的区域,通常由隔离设施和建筑物所围合。

2.1 跑道及其附属设施

2.1.1 跑道的组成

《民用机场飞行区技术标准》(MH5001—2021)中规定:跑道是指陆地机场上经修整供航空器着陆和起飞而划定的一块长方形场地。因此跑道除了基本的道面外,还包括一些附属区域,如道肩、升降带、跑道端安全区、净空道、停止道,如图2.1所示。

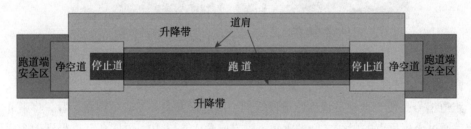

图 2.1 跑道及附属区域示意图

1. 跑道

1) 跑道方位和条数

按照《民用机场飞行区技术标准》(MH5001—2021)的要求:跑道(runway)的方位和条数应根据机场净空条件、风力负荷、飞机运行的类别和架次、与城市和相邻机场之间的关系、现场的地形和地貌、工程地质和水文地质情况、噪声影响、空域条件、管制运行方式等各项因素综合分析确定。

跑道方位和条数应使拟使用该机场的跑道可利用率①不少于 95%。在机场规划时,跑道最大容许侧风分量应以航行部门根据飞机性能规定的数据为准;航行部门未予规定时,按下列方法确定,侧风分量超过下列数值时,飞机不应起飞或降落。

(1)对基准飞行场地长度不小于 1500 m 的飞机,侧风分量为 37 km/h;若跑道纵向摩

---

① 跑道可利用率:一条跑道或几条跑道组成的跑道系统的使用不受侧风分量限制的时间分辨率。

擦系数不足致使跑道刹车作用不良时，侧风分量为 24 km/h；

（2）对基准飞行场地长度不小于 1200 m 但小于 1500 m 的飞机，侧风分量为 24 km/h；

（3）对基准飞行场地长度小于 1200 m 的飞机，侧风分量为 19 km/h。

2）跑道的构型

综合国内外机场可以发现，机场跑道的构型主要有四种，分别是单跑道、平行跑道、交叉跑道、V形跑道，如图 2.2 所示。

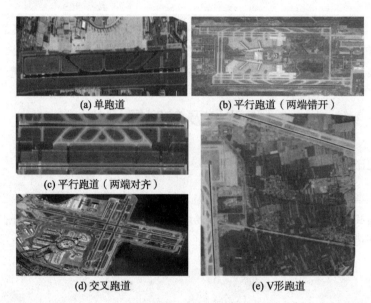

图 2.2　跑道构型

3）跑道编号确定

跑道编号是便于驾驶员识别跑道设定的。由进近方向（驾驶员视角）看，将磁北方向与跑道通过坐标原点的射线之间的夹角（磁方向角）除以 10，再四舍五入得到一个两位整数（如果是一位数字时，需要在数字前面补零），即跑道编号。一条跑道有两个编号，分别位于跑道两端，两个号码相差 18，如图 2.3 所示，从进近方向看，磁方向角为 61°，61 除以 10，得 6.1，四舍五入为 6，再在数字前补零，即进近方向跑道编号为 06，同理，可得另一端跑道编号为 24。

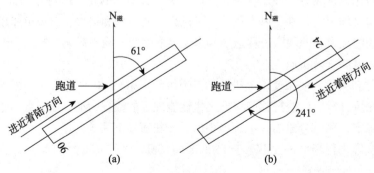

图 2.3　跑道编号确定

对于多条平行跑道的情形，为了更好地区分跑道，可以在跑道编号后加上 R、C、L 区分，即右、中、左。如果平行跑道数多于 4 条（包含 4 条），一组相邻跑道编号按最接近磁方向角度数的 1/10 确定，另一组相邻跑道编号按次接近磁方向角度数的 1/10 确定，如图 2.4 所示。

（1）两条平行跑道的情形：L、R。
（2）三条平行跑道的情形：L、C、R。
（3）四条平行跑道的情形：L、R、L、R。
（4）五条平行跑道的情形：L、C、R、L、R 或 L、R、L、C、R。
（5）六条平行跑道的情形：L、C、R、L、C、R。

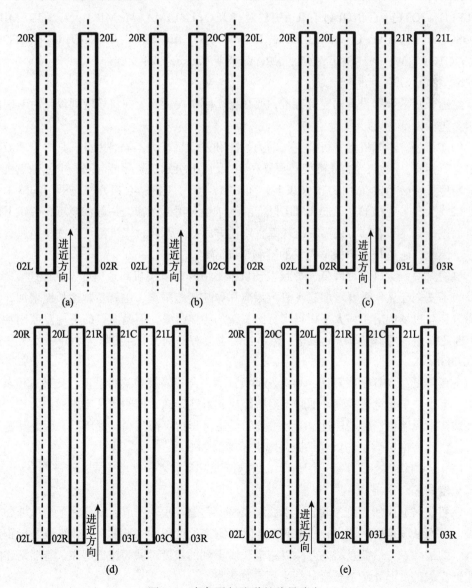

图 2.4　多条平行跑道的编号确定

4）跑道编号的读法

跑道编号由两位数字组成，当有两条甚至多条平行跑道时，要在跑道编号后面加上 R、C、L，因此，在中文的陆空通话中，对于数字和英文字母也有专门的读法。

数字读法如下：1：幺；2：两；3：叁；4：四；5：五；6：六；7：拐；8：八；9：九；0：洞。英文缩写 R、C、L 的读法为：右、中、左。

因此，02L 跑道的读法为：洞两左；02R 跑道的读法为：洞两右；21C 跑道的读法为：两幺中。

在民航中，除数字外，26 个英文字母也有专门的读法，具体如下。

A：ALFA；B：BRAVO；C：CHARLIE；D：DELTA；E：ECHO；F：FOXTROT；G：GOLF；H：HOTEL；I：INDIA；J：JULIET；K：KILO；L：LIMA；M：MIKE；N：NOVEMBER；O：OSCAR；P：PAPA；Q：QUEBEC；R：ROMEO；S：SIERRO；T：TANGO；U：UNIFORM；V：VICTOR；W：WHISKEY；X：XRAY；Y：Yankee；Z：Zulu。

5）跑道长度

跑道长短的设置没有固定的标准，要根据实际情况而定，在机场规划设计时考虑的主要因素包括以下几点。

（1）机型。不同机型飞机的空气动力性能和发动机推力不同，因此，其对跑道长度的要求也不相同。例如，A380 机型必须要在 4E 及以上级别机场才能起降，也就是飞机基准飞行场地长度必须要在 1800 m 及以上，而 B737-300 只需在 4C 级别机场即可起降。

（2）大气。飞机的逆风起飞和着陆，有利于缩短滑跑距离。一般情况下，主跑道两端都可以进行起飞和着陆，只要不出现垂直跑道方向的大侧风，飞机都可以进行逆风起飞和着陆。因此，跑道长度应根据无风的不利情况确定。

气温升高，大气密度降低，导致发动机推力下降以及飞机离地速度、接地速度降低，因此为了安全起见，需要增加起飞滑跑距离和着陆滑跑距离，也就是跑道长度增加，如虽然海口美兰机场和哈尔滨太平机场飞行区等级均为 4E 级，但是海口的平均温度比哈尔滨高，因此即使是两个同等级的机场，跑道长度也会有差别，美兰机场为 3600 m，太平机场为 3200 m。

气压降低，大气密度降低，导致发动机推力下降以及飞机离地速度、接地速度降低，同样，为了安全起见，需要增加起飞滑跑距离和着陆距离，即跑道长度增加，如拉萨贡嘎机场和济南遥墙机场，同样是 4E 级机场，但是由于拉萨海拔高，气压低，因此其跑道长 4000 m，而济南遥墙机场地处平原，跑道长度为 3600 m。

（3）跑道构成、坡度及道面情况。当跑道设置净空道、停止道或者跑道入口内移时，跑道长度缩短。

飞机逆坡起飞所需跑道较长，顺坡起飞需要跑道较短。跑道坡度分为平均纵坡和有效纵坡。平均纵坡是指跑道中心线两端高差除以跑道长度得到的坡度；有效纵坡是指跑道中心线上的最高点与最低点的高差除以跑道长度得到的坡度。因为跑道起飞、着陆是在跑道端附近完成的，因此跑道长度计算采用平均纵坡。

此外，道面湿度、表面摩阻特性都对跑道长度有影响。

6）跑道公布距离

当跑道设置了停止道、净空道或者跑道入口内移时，应该在跑道的每个方向公布适用于飞机起降的各种距离，即跑道公布距离，包括以下四个。

①可用起飞滑跑距离（take-off run available，TORA）是指满足飞机从松刹车至完全抬起前后轮（完全离地）的过程所需要的跑道长度。

②可用起飞距离（take-off distance available，TODA）是指满足飞机从松刹车加速到安全速度 V2 所需要的跑道长度。

③可用加速-停止距离（accelerate stop distance available，ASDA）是指满足飞机在中断起飞之后滑跑至停止过程所需要的跑道距离。

④可用着陆距离（land distance available，LDA）是指满足飞机由主轮接地开始至完全停止所需要的跑道长度。

当跑道设置净空道、停止道、入口内移时，其跑道公布距离如图 2.5 所示。

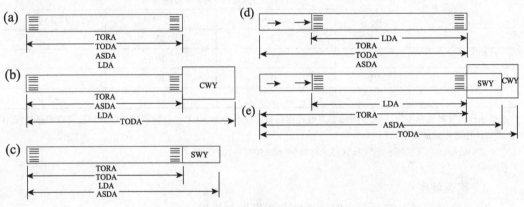

注：图中所示公布距离均为从左至右运行

图 2.5 跑道公布距离

如图 2.6 中两条跑道，其跑道公布距离见表 2.1。

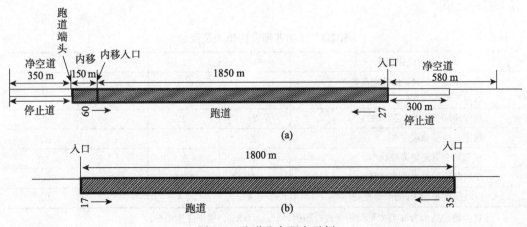

图 2.6 跑道公布距离示例

表 2.1 跑道公布距离

跑道	TORA/m	ASDA/m	TODA/m	LDA/m
09	2000	2300	2580	1850
27	2000	2350	2350	2000
17	NU（不适用）	NU	NU	1800
35	1800	1800	1800	NU

7）跑道宽度

在设计跑道宽度时，除了考虑起降最大机型的翼展外，还应考虑跑道表面污染物（雪、雨水等）、侧风、飞机在接地带附近偏离中线的程度、橡胶积累、飞机进近方式和速度、能见度及人等因素。跑道宽度见表 2.2。

表 2.2 跑道宽度

飞行区指标 I	主起落架外轮外边距/m			
	<4.5	[4.5, 6]	[6, 9)	[9, 15)
1	18	18	23	—
2	23	23	30	—
3	30	30	30	45
4	—	—	45	45

注：飞行区指标 I 为 1 或 2 的精密进近跑道的宽度应不小于 30 米；特殊机型、特殊情况可以根据拟使用机型的特性确定跑道宽度。

表中数据源自《民用机场飞行区技术标准》（MH5001—2021）。

8）跑道坡度

跑道坡度应尽可能平缓。跑道坡度分为纵坡和横坡。

（1）纵坡

纵坡是指沿跑道中线方向的坡度，分为有效纵坡和平均纵坡。有效纵坡是指跑道中线上最高、最低点高差与跑道长度的比值（如表 2.3 所示）；平均纵坡是指跑道两端高差与跑道长度的比值。

表 2.3 跑道各部分的纵坡及变坡

飞行区指标 I	1	2	3	4
跑道中线上最高、最低点高差与跑道长度的比值/%	2	2	1	1
跑道两端各 1/4 长度的坡度/%	2	2	a	0.8
跑道其他部分坡度/%	2	2	1.5	1.25
相邻两个纵向坡度变化/%	2	2	1.5	1.5
变坡曲线的最小曲率半径/m	7500	7500	15000	30000
变坡曲线每 30 m 的曲率变化率/%	0.4	0.4	0.2	0.1

注：当跑道类型为 II 类或 III 类精密进近跑道时，a 为 0.8%，否则 a 为 1.5%。

表中数据源自《民用机场飞行区技术标准》（MH5001—2021）。

由于地质、排水、材料等因素的影响，一条跑道纵坡不是固定不变的，而是在不同跑道长度上对应不同的纵坡。纵坡数值的变化即是变坡。跑道应避免频繁变坡或存在剧烈的纵向变坡。

当纵向变坡不能避免时，应具有下列无障碍视线：飞行区等级指标Ⅱ为 C、D、E、F 时，在高于跑道 3 m 的任何一点上应能看到至少半条跑道长度内的高于跑道 3 m 的任何其他点；飞行区等级指标Ⅱ为 B 时，在高于跑道 2 m 的任何一点上应能看到至少半条跑道长度内的高于跑道 2 m 的任何其他点；飞行区等级指标Ⅱ为 A 时，在高于跑道 1.5 m 的任何一点上应能看到至少半条跑道长度内的高于跑道 1.5 m 的任何其他点。

（2）横坡。为了使跑道能更好地排水，跑道都设置双面坡，以跑道中线为界，两侧对称，跑道各部分的横坡应基本一致，如表 2.4 所示。

表 2.4　跑道横坡

飞行区指标Ⅱ	F	E	D	C	B	A
最大横坡/%	1.5	1.5	1.5	1.5	2	2
最小横坡/%	1	1	1	1	1	1

注：表中数据源自《民用机场飞行区技术标准》(MH5001—2021)。

2. 道肩

1）道肩强度

跑道道肩（shoulder）的主要作用是在飞机偶然冲出跑道时起缓冲作用，不致对飞机的结构造成损坏，因此其强度和结构应能承受飞机的载荷以及偶然通行的车辆的载荷，道肩表面应能防止被飞机气流吹蚀。当飞行区指标Ⅱ为 C、D、E、F 时，应设置道肩。

2）道肩坡度

跑道道肩与跑道相接处的表面应齐平，道肩横坡应不大于 2.5%。

3）道肩宽度

跑道道肩的宽度应符合下列要求。

（1）道肩应在跑道两侧对称布置，每一侧道肩的最小宽度应为 1.5 m；

（2）飞行区指标Ⅱ为 D 或 E 的跑道，其道面及道肩的总宽度应不小于 60 m；

（3）飞行区指标Ⅱ为 F 的跑道，其道面及道肩的总宽度应不小于 60 m；当拟用机型的发动机数量为 4 个或多于 4 个时，其总宽度应不小于 75 m。

3. 掉头坪

当跑道端没有设置联络滑行道或掉头滑行道时，飞行区指标Ⅱ为 D、E、F 的跑道应设置飞机掉头坪（runway turn pad），以便飞机进行 180°转弯，如图 2.7 所示。掉头坪位置一般设置在跑道的两端，对较长的跑道可在中间适当位置增设掉头坪，以减少飞机滑行距离。此外，掉头坪可以设在跑道端头的左侧或右侧，但由于驾驶员座位在驾驶舱左侧，因此，为了方便驾驶员转弯，一般设在跑道端头左侧。

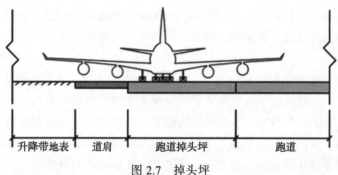

图 2.7　掉头坪

为了使掉头坪不致积水以及积水迅速排净，掉头坪需要有横坡和纵坡，其坡度应与相邻跑道道面的坡度相同。

跑道掉头坪的强度应至少与相邻跑道道面强度相同，并能承受飞机缓行和急转弯时在道面造成的较高应力。

跑道掉头坪表面的摩阻特性和平整度要求应与相邻跑道一致。

跑道掉头坪应设置道肩，其宽度应足以防止被飞机气流所侵蚀，防止外来物损坏飞机发动机，并能容纳要求最严格的飞机的最外侧发动机。掉头坪道肩的强度和结构应确保飞机偶然滑出跑道时不致造成飞机结构损坏，并能承受偶然通行的车辆荷载。

4．升降带

升降带（strip）是包含跑道和停止道（设置时）的土质地带。它的作用是一旦飞机提早接地或起降冲出跑道时，可以减少遭受损失的风险，如图 2.8 所示。

图 2.8　升降带位置图

1）升降带长度

升降带的长度应在跑道入口前，自跑道端或停止道端向外延伸至少下列距离：

（1）飞行区指标Ⅰ为 2、3 或 4：60 m；

（2）飞行区指标Ⅰ为 1 并为仪表跑道：60 m；

（3）飞行区指标Ⅰ为1并为非仪表跑道：30 m。
2）升降带宽度
升降带宽度应不小于表2.5中的数值。

表2.5 升降带宽度（自跑道中线及其延长线向每侧延伸） 单位：m

跑道运行类型	飞行区指标Ⅰ			
	1	2	3	4
精密进近跑道	70	70	140	140
非精密进近跑道	70	70	140	140
非仪表跑道	30	40	75	75

注：表中数据源自《民用机场飞行区技术标准》（MH5001—2021）。

3）升降带平整范围
升降带平整范围应不小于表2.6中的数值。

表2.6 升降带最小平整范围（自跑道中线及其延长线向每侧延伸） 单位：m

跑道运行类型	飞行区指标Ⅰ		
	1	2	3或4
仪表跑道	40	40	75
非仪表跑道	30	40	75

注：表中数据源自《民用机场飞行区技术标准》（MH5001—2021）。

当飞行区指标Ⅰ为3或4的精密进近跑道时，其升降带平整范围如图2.9所示。

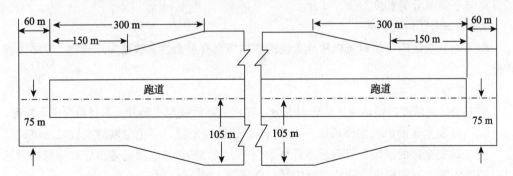

图2.9 飞行区指标Ⅰ为3或4的精密进近跑道升降带平整范围

4）升降带坡度
升降带平整范围内的纵、横坡坡度应符合表2.7中的规定值。纵坡变化应平缓，避免急剧的变坡或突然的反坡。为利于排水，从跑道道肩或停止道的边缘向外的3 m内的横坡应为降坡，坡度可增大至5%。升降带平整范围以外的地面标高宜不高于以升降带平整范围边缘为起点、升坡为5%（以水平面为基准）的斜面。

表 2.7 升降带平整范围内的最大坡度

飞行区指标 I	1	2	3	4
纵坡/%	2.00	2.00	1.75	1.50
横坡/%	3.00	3.00	2.50	2.50

注：表中数据源自《民用机场飞行区技术标准》（MH5001—2021）。

5）升降带内的物体

位于升降带上可能对飞机构成威胁的物体，应被视为障碍物并尽可能移除；在精密进近跑道的无障碍物区内，除了为保证飞行安全所必需的目视助航设备或出于飞机安全目的需要安放在升降带内的设备设施符合易折性要求外，在上述区域内也不应有固定的物体；此外，当飞机在跑道上起飞或着陆时，上述区域内不应有可移动的物体。

6）升降带强度

升降带平整范围内的土面应有适当的强度，确保当飞机偶然滑出跑道时对飞机的危害最小。

5. 跑道端安全区

当飞行区指标 I 为 3 或 4 的跑道，或飞行区指标 I 为 1 或 2 的仪表跑道时，应该在升降带两端设置端安全区（runway end safety area，RESA），如图 2.1 所示。

1）长度

飞行区指标 I 为 3 或 4 的跑道，或飞行区指标 I 为 1 或 2 的仪表跑道，端安全区应自升降带端向外延伸至少 90 m。

2）宽度

端安全区的宽度至少等于与其相邻的跑道宽度的 2 倍，条件许可时应不小于与其相邻的升降带平整部分的宽度。

3）端安全区内的物体

位于端安全区内可能对飞机构成危险的物体应具有易折性，被视为障碍物，应尽可能移除。

4）坡度

端安全区的坡度应使该地区的任何部分不突出进近面或起飞爬升面，且符合以下标准。

（1）端安全区的纵坡的降坡应不大于 5%，变坡应平缓，避免急剧的变坡或反坡；

（2）端安全区的横坡，其升坡或降坡均应不大于 5%，并应满足通信导航和目视助航设施场地要求，不同坡度之间的过渡应尽可能平缓。

5）平整和强度

端安全区应进行平整，其强度应确保飞机过早接地或冲出跑道时对飞机的危害最小，并能承受救援和消防车辆在其上通行。

6. 净空道

净空道（clearway，CWY）起点位于可用起飞滑跑距离的末端，作用是保证飞机完成初始爬升的安全，弥补跑道长度不足，如图 2.1 所示。长度应不大于可用起飞滑跑距离的一半。对于仪表跑道，净空道宽度应自跑道中线延长线向两侧延伸不少于 75 m；对于非仪表跑道，净空道宽度应自跑道中线延长线向两侧延伸至跑道升降带宽度的 1/2 处。净空道的地面不应突出于 1.25%升坡的平面，地面坡度应避免急剧向上的变坡。

净空道上不应设有对空中的飞机安全有危害的设备或装置。因航行需要在净空道地面上设置的设备或装置应满足易折要求，安装高度应尽可能低。

7. 停止道

停止道（stopway，SWY）的主要作用：当跑道长度较短，不能保证飞机中断起飞时的安全，需要设置停止道弥补跑道长度的不足。停止道长度需经过计算确定，宽度即与之相连的跑道的宽度，坡度满足表 2.3 的要求。由于停止道是当飞机中断起飞时才用到，因此其强度可比跑道低，但是要能保证飞机中断起飞时不致造成飞机结构损坏。

2.1.2 跑道的分类

1. 按照跑道道面构成材料

1）水泥混凝土道面

这种道面强度高，使用品质好，使用寿命长，应用广泛。但是，初期投资大，完工后需要较长时间养护，不能立即开通，维护、翻修困难，如图 2.10（a）所示。

2）沥青混凝土道面

这种道面平整性好，飞机滑行平稳，旅客乘坐舒适；道面铺筑后不需要养护，可以立即投入使用，特别适合不停航施工。但是容易破损，寿命较短，如图 2.10（b）所示。

(a) 水泥混凝土跑道

(b) 沥青混凝土跑道

(c) 土跑道

(d) 活动道面

图 2.10　跑道类型

3）砂石道面

砂石道面是在碾压平整的土基上铺筑砂石。此种道面强度较低，有风天气容易出现扬尘，雨天道面泥泞，现在很少使用。

4）土道面

土道面就是将土质表面碾压平整。这种道面成本低，施工方便，一般在道面上种草，来提高强度。军用机场多采用土道面，如图2.10（c）所示。

5）活动道面

当航空器冲出或偏出跑道时，需要借助活动道面将其从土质区域拖拽出来。活动道面主要材质是涤纶或钢板，主要用于机场应急救援中的残损航空器搬移过程，如图2.10（d）所示。

2. 按照道面力学特性

1）刚性道面

刚性道面（rigid pavement，用R表示）指的是刚度较大、抗弯拉强度较高的道面。一般指水泥混凝土道面。

2）柔性道面

柔性道面（flexible pavement，用F表示）指的是刚度较小、抗弯拉强度较低，主要靠抗压、抗剪强度来承受车辆荷载作用的路面。主要包括各种未经处理的粒料基层和各类沥青面层、碎石面层组成的道面结构。

3. 按照道面使用品质

1）高级道面

高级道面的道面结构强度高，抗变形能力强，稳定性和耐久性好。典型道面包括水泥混凝土道面、配筋水泥混凝土道面等。

2）中级道面

中级道面无接缝，表面平整，使用品质较好。典型的中级道面包括沥青贯入式、黑色碎石和沥青表面处治等。

3）低级道面

低级道面的道面承受能力低，通常作为轻型飞机的起降地，如滑翔机场、农用飞机机场。

4. 按照道面铺设方式

1）现场铺筑道面

现场铺筑道面指将搅拌均匀的道面材料现场铺筑而构成的道面。

2）装配式道面

装配式道面的面层不是在现场浇筑的，而是在工厂预制，运抵现场装配而成的。

5. 按照导航设施等级划分

如前文所述，按照导航设施等级，跑道分为非仪表跑道和仪表跑道，仪表跑道又分为非精密进近跑道和精密进近跑道，精密进近跑道又分为Ⅰ类精密进近跑道、Ⅱ类精密进近跑道、Ⅲ类精密进近跑道。

2.2 滑行道系统

2.2.1 滑行道的组成

滑行道系统主要由三部分组成，分别是滑行道、滑行道道肩、滑行带，如图 2.11 所示。其中，滑行带是指从滑行道中线向两侧延伸规定的距离，包括滑行道道面、滑行道道肩以及土质地带。

图 2.11 滑行道系统的组成

1. 滑行道

在机场设置供飞机滑行并将机场的一部分与其他部分之间连接的规定通道。

2. 滑行道道肩

与滑行道道面相接的部分经过整备作为道面与邻近土面之间过渡用的场地。当飞行区指标Ⅱ为 C、D、E、F 时，滑行道必须设置道肩。

3. 滑行带

滑行道中线两侧特定的场地，用以保障飞机在滑行道上安全运行，并在飞机偶然滑出滑行道时减少损坏的危险。

2.2.2 滑行道的类型

滑行道是连接飞行区与机场其他部分的通道，主要包括以下七种类型，如图 2.12、图 2-13 所示。

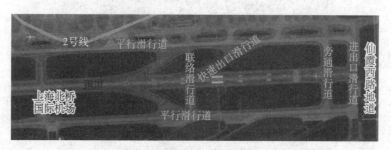

图 2.12 滑行道的类型

1. 进出口滑行道

进（出）口滑行道设在跑道端，供飞机进入跑道起飞用。如果跑道两端均可以起降，那么进口滑行道也是出口滑行道。

2. 旁通滑行道

旁通滑行道设在跑道端附近，供起飞的飞机临时决定不起飞，从进口滑行道迅速滑回用，也可以供跑道端进口滑行道堵塞时，飞机由旁通滑行道进入跑道。

3. 快速出口滑行道

沿跑道的若干处设置的滑行道，目的是使着陆的飞机尽快脱离跑道。设在跑道中部有直角出口滑行道和锐角出口滑行道，其中，锐角出口滑行道又称为快速出口滑行道，锐角应大于25°且小于40°，一般取30°。

4. 平行滑行道

平行滑行道又称干线滑行道或主滑行道，是供航空器通往跑道的主要通道，通常与跑道平行。在交通量很大的机场，通常设置两条平行滑行道，分别供航空器来往单向滑行使用，合称为双平行滑行道。

5. 联络滑行道

交通量小的机场，通常只设一条从站坪直通跑道的短滑行道，这条滑行道称之为联络滑行道。在交通量较大的机场，双平行滑行道之间设置垂直连接的短滑行道，也称为联络滑行道，供飞机由一条滑行道通往另一条滑行道用。

6. 机坪滑行道

机坪滑行道是滑行道系统的一部分但是设在机坪上，供飞机穿越或通过机坪使用，如图2.13所示。

7. 机位滑行道

机位滑行通道是机坪的一部分，供飞机进出机位滑行用的通道，如图2.13所示。

图2.13 机位滑行道和机坪滑行道位置图

2.2.3 滑行道的尺寸要求

1. 滑行道宽度

飞机前轮是沿着滑行道中线滑行的，因此滑行道道面宽度应包含主起落架外轮距以及主起落架外侧主轮与滑行道道面边缘之间的距离。滑行道直线部分道面最小宽度以及主起落架外侧主轮与滑行道道面边缘之间的最小距离，见表2.8。

表2.8 滑行道相关尺寸要求

主起落架外轮外边距/m	滑行道直线部分道面最小宽度/m	主起落架外侧主轮与滑行道道面边缘之间的最小距离/m
<4.5	7.5	1.5
[4.5, 6)	10.5	2.25
[6, 9)	15	3（直线段） 3（弯道段，飞机纵向轮距小于18 m时） 4（弯道段，飞机纵向轮距大于等于18 m时）
[9, 15)	23	4

注：表中数据源自《民用机场飞行区技术标准》（MH5001—2021）。

2. 滑行道间距

为了保证飞机在滑行道上滑行的安全，滑行道与跑道、其他滑行道以及物体之间的最小间距，如表2.9所示。

表2.9 滑行道的最小间距

飞行区指标Ⅱ	滑行道中线距跑道中线的距离/m								滑行道中线距滑行道中线的距离/m	滑行道中线（不包括机位滑行通道）距物体的距离/m	机位滑行通道中线距机位滑行通道中线的距离/m	机位滑行通道中线距物体的距离/m
	仪表跑道				非仪表跑道							
	飞行区指标Ⅰ				飞行区指标Ⅰ							
	1	2	3	4	1	2	3	4				
(1)	(2)	(3)	(4)	(5)	(6)	(7)	(8)	(9)	(10)	(11)	(12)	(13)
A	77.5	77.5	—	—	37.5	47.5	—	—	23.0	15.5	19.5	12
B	82	82	152	—	42	52	87	—	32	20	28.5	16.5
C	88	88	158	158	48	58	93	93	44	26	40.5	22.5
D	—	—	166	166	—	—	101	101	63	37	59.5	33.5
E	—	—	172.5	172.5	—	—	107.5	107.5	76	43.5	72.5	40
F	—	—	180	180	—	—	115	115	91	51	87.5	47.5

注：为保证飞行或飞机安全需要安放在此，且不会对飞机构成危险的物体除外。
表中数据源自《民用机场飞行区技术标准》（MH5001—2021）。

3. 滑行道坡度

滑行道纵坡和横坡的要求，如表2.10所示。

表 2.10　滑行道纵、横坡的要求

飞行区指标Ⅱ		A	B	C	D	E	F
纵坡	不大于/%	3	3	1.5	1.5	1.5	1.5
	变坡曲线最小曲率半径/m	2500	2500	3000	3000	3000	3000
	变坡曲线的曲率变化率/%	每25 m不大于1%	每25 m不大于1%	每30 m不大于1%	每30 m不大于1%	每30 m不大于1%	每30 m不大于1%
横坡	不大于/%	2	2	1.5	1.5	1.5	1.5

注：表中数据源自《民用机场飞行区技术标准》(MH5001—2021)。

4. 滑行道直线段视距

(1) 飞行区指标Ⅱ为C、D、E、F时，在高于滑行道3 m的任何一点，应能看到距该点至少300 m范围内的全部滑行道；

(2) 飞行区指标Ⅱ为B时，在高于滑行道2 m的任何一点，应能看到距该点至少200 m范围内的全部滑行道；

(3) 飞行区指标Ⅱ为A时，在高于滑行道1.5 m的任何一点，应能看到距该点至少150 m范围内的全部滑行道。

5. 滑行道道肩宽度

滑行道直线段道面及两侧道肩的总宽度应不小于表2.11的规定值。

表 2.11　滑行道直线段道面加道肩的最小宽度

飞行区指标Ⅱ	滑行道直线段道面加道肩的最小宽度/m
C	25
D	34
E	38
F	44

注：表中数据源自《民用机场飞行区技术标准》(MH5001-2021)。

6. 滑行带的平整宽度

除机位滑行通道外，滑行道应设置滑行带，滑行带内不应有危害航空器滑行的障碍物。滑行带的宽度应在滑行道全长范围内，宽度不小于表2.9中的(11)。

滑行带中心部分应进行平整，平整范围的最小宽度如表2.12所示。

表 2.12　滑行带平整范围的最小宽度（自滑行道中线向每侧延伸）

飞行区指标Ⅱ	滑行带平整范围的最小宽度/m
A	11
B	12.5
C	18
D	24
E	29.5
F	32

注：表中数据源自《民用机场飞行区技术标准》(MH5001—2021)。

7. 滑行带坡度

滑行带与滑行道道肩或道面（如无道肩）边沿相接处应基本齐平。滑行带平整范围的横向降坡（以水平面为基准）应不大于 5%。滑行带平整范围的横向升坡（以相邻滑行道表面横坡为基准）：飞行区指标Ⅱ为 C、D、E 或 F 的滑行带应不大于 2.5%；飞行区指标Ⅱ为 A、B 的滑行带不得大于 3%。

2.2.4 滑行道的命名

合理的机场滑行道命名可以提高管制员与飞行员之间的沟通效率，降低出错概率。目前，国际国内没有统一的命名标准，根据实际运行总结了一些命名的原则。

（1）编码的设置应简单明了，合乎逻辑。

（2）滑行道代号的设置应结合机场长期总体规划统一考虑，预留相应的滑行道代号，尽可能减少因机场扩建造成滑行道代号的调整。

（3）滑行道代号宜按英文字母顺序选用字母，宜从机场的一端开始连续命名代号到另一端。

（4）每条滑行道应有唯一代号，且避免与跑道号码混淆（如其中一条跑道编号为04L—22R，滑行道编号则避免使用 L4、R22）。

（5）滑行道代号应由一个英文字母或一个英文字母与阿拉伯数字的组合构成，但不应使用"I""O""X"三个字母作为滑行道代号。当上述代号全部使用完后，可使用双字母。平行滑行道宜由单字母作为代号。

（6）当滑行道改变方向但没有与其他滑行道相交，或与其他滑行道相交但方向改变不超过 45°时，不应改变其代号。但若系统总体设计需要改变时，可在交叉后改变。

（7）大型繁忙机场滑行道系统复杂时，宜将相对固定使用的滑行路线以滑行道编组形式表示并编号，编号应以英文 ROUTE 加阿拉伯数字构成，由管制单位会同机场管理机构和航空公司研究确定并在航行资料汇编中公布。

案例如图 2.14 所示。

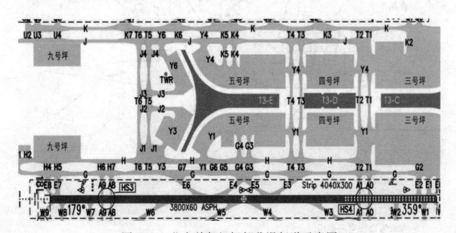

图 2.14　北京首都机场部分滑行道示意图

图 2.14 为北京首都机场中跑道，由图可知。

（1）每条滑行道有唯一的代号；几条快速出口滑行道编号分别是 W0（读作 WHISKEY 洞）、W1（读作 WHISKEY 幺）、W2（读作 WHISKEY 两）、W3（读作 WHISKEY 叁）、W4（读作 WHISKEY 四）、W5（读作 WHISKEY 五）、W6（读作 WHISKEY 六）、W7（读作 WHISKEY 拐）、W8（读作 WHISKEY 八）、W9（读作 WHISKEY 九），编号由英文字母与阿拉伯数字组成，由滑行道一端开始连续命名到另一端；

（2）上述编号中未出现"I""O""X"三个字母；

（3）与跑道平行的滑行道自上而下分别是 K（读作 KILO）、J（读作 JULIET）、H（读作 HOTEL）、G（读作 GOLF）滑行道，编号由 1 个英文字母组成。

2.3 机 坪 系 统

2.3.1 机坪的分类及功能

机坪是机场内供航空器上下旅客、装卸邮件或货物、加油、停放或维修等使用的一块划定区域。按照机坪的具体功能不同，机坪分为客机坪、货机坪、等待机坪、维修机坪、掉头机坪。

1. 客机坪

客机坪供停放客机及旅客上下飞机用，是运输机场最主要的机坪，其构形及平面尺寸主要取决于航站楼的构形、停放的机型和数量，以及旅客的登机方式。飞机到达客机坪指定停机位后需要地勤保障服务，地勤服务提供各种车辆和设备为飞机服务，图 2.15 是 B747 飞机特种车辆保障位置图。

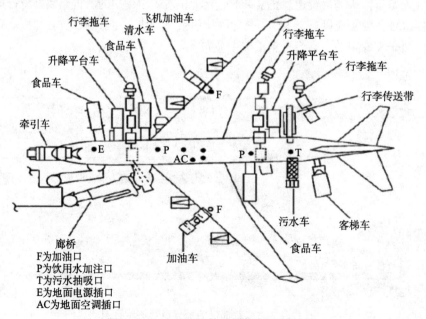

图 2.15　B747 飞机特种车辆保障位置图

2. 货机坪

货机坪供停放货机及装卸货物用。当机场上没有货运航班时，可以不设置货机坪。

3. 等待机坪

当机场交通密度等级为中或高时，宜设置等待坪。当滑行道（不含单向运行的出口滑行道）与跑道相交时，应该设置一个或多个跑道等待位置；当跑道与另一条跑道相交，且前者是一条标准滑行路线时，需要设置一个或多个跑道等待位置。

4. 维修机坪

维修机坪供维修飞机用，通常设置在飞机修理厂附近并且便于试车的地方。

5. 掉头机坪

当跑道端没有设置联络滑行道或掉头滑行道时，应设置飞机掉头坪，以便飞机进行180°转弯，如图 2.7 所示。

2.3.2 机位编号

机场机位数目取决于预定需容纳的高峰小时飞机运行次数和机位的容量，后者取决于每架飞机占用机位的时间和机位利用情况。

由于大型机场机位数量较多，结构复杂，飞行员不易识别，因此机场都有对外公布的停机位图，包括停机坪、停机位以及和停机坪相连接的滑行道信息，如图 2.16 所示。图 2.16 是北京首都国际机场东航站区，共有 T1、T2 两座航站楼，分别对应一号坪和二号坪，一号坪包含的机位有 103～116 号，通过 D4 联络道可以连通 Z4、Z6 滑行道；二号坪包含的机位有 205～240 号，通过 D5、D6、M3、M4、M5、M6 联络道可以连通 Z3、F 滑行道。

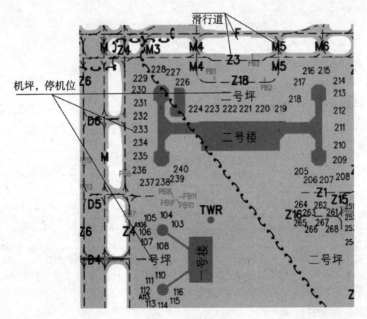

图 2.16 停机位图

2.3.3 机坪尺寸要求

1. 机坪坡度、平整度

机坪道面强度应能承受使用该机坪的各种机型的载荷。机坪的坡度应能防止其表面积水,并尽可能平坦。机坪中机位区的坡度应不大于 1%,宜为 0.4%~0.8%。机坪表面应平整。

2. 机坪尺寸确定

机坪平面尺寸与机坪的平面布局、飞机在航站楼前集结形式、旅客登机方式、机位数量、使用该机坪的飞机的尺寸和转动半径有关。飞机的尺寸包括机身长度、翼展、前轮正常转动角,转动半径包括转动圆心至内主轮的转动半径、至外主轮的转动半径、至前轮的转动半径、至翼尖的转动半径、至机头的转动半径,如图 2.17 所示。

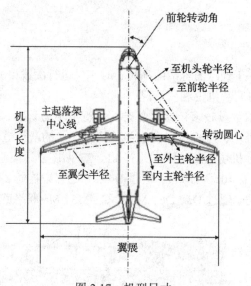

图 2.17 机型尺寸

为了保证航空安全和地面安全,机坪上对飞机之间、飞机与固定物之间的间距有严格的要求,如表 2.13 所示。综合上述两条,即可得出机坪的尺寸。

表 2.13 机坪上飞机的最小距离

飞行区指标 II	A	B	C	D	E	F
进入或离开机位的飞机与相邻机位上停放的飞机以及邻近的建筑物和其他物体之间的净距/m	3b	3b	4.5ab	7.5a	7.5a	7.5a
机坪服务车道边线距停放飞机的净距/m	3	3	3	3	3	3

注:a—当机头向内停放时,对于具有依靠目视停靠引导系统进行方位引导的机位,机位上停放的飞机与任何邻近的建筑物、另一机位上的飞机和其他物体之间的净距可适当减小;航站楼、旅客廊桥固定端、回位点上的旅客廊桥活动端等与机头之间的净距可减小至 3.75m。

b—保障车辆作业需要时,最小距离宜增加。

表中数据源自《民用机场飞行区技术标准》(MH5001—2021)。

即测即练

扫描此码 自学自测

第 3 章 机场目视助航设施

机场目视助航设施是指在机场飞行区内及其附近,为飞机驾驶员昼夜提供起飞、进近、着陆和滑行的目视引导信号而设置的工程设施。

机场目视助航设施的主要目的是:①指示飞机驾驶员引导飞机按照规定的路线和位置起飞、滑行、着陆及停放;②规定地面车辆和人员活动的范围;③规定与飞机维修有关设备的存放区域;④勾画跑道、滑行道、机坪及障碍物等的轮廓特征。

机场目视助航设施主要包括:指示标、道面标志、滑行引导标记牌、助航灯光等。

3.1 指 示 标

3.1.1 风向标

1. 位置

风向标设置在跑道两端的瞄准点附近,距离跑道近边 45 m~105 m,且最好在跑道入口的左侧,从机场上空容易看见,不会受到附近物体引起的气流干扰。风向标支柱材质应质量轻、易折。

2. 形状、尺寸、颜色及作用

(1)形状:风向标应为截头圆锥形,由经久耐用的织物制成。

(2)尺寸:长度应不小于 3.6 m,大端直径应不小于 0.9 m。

(3)颜色:橙色与白色或红色与白色相间,并安排成 5 个颜色相间的环带,两端的环带为橙色或红色,如图 3.1 所示。准备在夜间使用的机场,风向标应有照明装置。

(4)作用:指明地面风的方向,并能显示大致风速。

图 3.1 风向标

3.1.2 着陆方向标

1. 设置条件

在没有设置精密进近坡度指示系统的跑道入口以内，应设 T 字形标志（仅在白天使用）。

2. 位置、颜色、尺寸要求

（1）位置：T 字标志应设置在跑道入口左侧，侧向距离跑道近边 15 m，至跑道入口的距离应约为跑道长度的 1/15～1/10，如图 3.2（a）所示。

（2）颜色：白色。T 字上方的横线应与跑道中线垂直，且由进近方向看为字母 T。当供夜间使用时，着陆方向标上应该显示白色灯光，灯具应低矮、易折、轻质，布置如图 3.2（c）所示。

（3）尺寸：如图 3.2（b）所示。

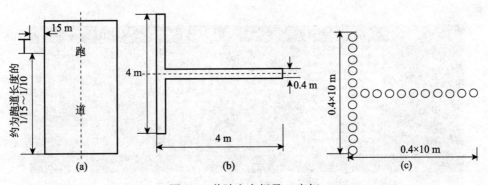

图 3.2　着陆方向标及 T 字灯

3.1.3 机场灯标

1. 设置条件

夜间使用的机场在运行需要的场合应设置机场灯标。

2. 位置、颜色、尺寸

（1）位置：机场灯标应设在机场内或机场邻近环境背景亮度低的地方，且应确保其在各重要方向上不被物体遮蔽，并对进近着陆中的飞行员不产生眩光。

（2）颜色：有色与白色交替的闪光或仅显示白色的闪光，总的闪光频率为 20～30 次/分钟。陆地机场为绿色和白色交替的闪光，水上机场为黄色和白色交替，水陆两用机场则应根据机场的主要设施确定闪光的颜色。

3.2　道面标志

道面标志包括跑道道面标志、滑行道道面标志、机坪道面标志等，不同的标志，其颜色、尺寸、用途各不相同。《民用机场飞行区技术标准》(MH5001—2021)中规定：跑道标志应为白色，滑行道标志、跑道掉头坪标志和飞机机位标志应为黄色。在夜间运行的机场内，可用反光材料涂刷铺筑面标志，以增强其可见性。

3.2.1 跑道道面标志

当两条重要程度不同的跑道相交时，在相交处，重要跑道的道面标志应覆盖次重要跑道的道面标志。

1. 跑道号码标志

（1）位置：跑道号码标志应设置在跑道入口处，如图3.3所示。如果机场有多条平行跑道，宜在建设第一条跑道时按图3.3（b）设置跑道号码标志（L先不画）。

（2）颜色：白色。

（3）作用：为处于进近状态的飞机提供着陆方向跑道的磁方位角。

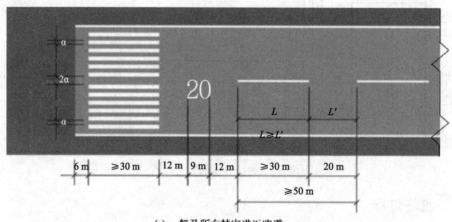

(a) 一般及所有精密进近跑道

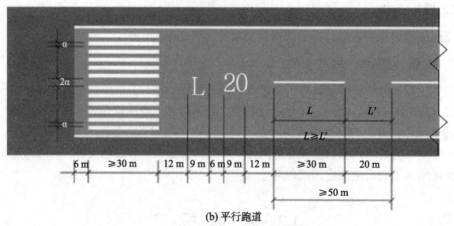

(b) 平行跑道

注：α约等于1.8 m；图中展示的是道面宽为45 m的情况。

图3.3 跑道号码、中线及入口标志

2. 跑道中线标志

（1）作用：便于飞机驾驶员驾驶飞机沿跑道中线起飞、降落和地面滑行。

（2）位置：跑道两端的跑道号码标志之间的跑道中线上。

（3）形式：由白色均匀隔开的线段和间隙组成。

（4）尺寸：每一线段加一个间隙的长度应不小于 50 m，也不应大于 75 m。每一线段的长度 L 应至少等于间隙的长度 L' 或 30 m（取较大值），如图 3.3 所示。Ⅱ、Ⅲ类精密进近跑道的中线标志宽度应不小于 0.9 m，Ⅰ类精密进近跑道、飞行区指标Ⅰ为 3 或 4 的非精密进近跑道标志宽度应不小于 0.45 m，飞行区指标Ⅰ为 1 或 2 的非精密进近跑道、非仪表跑道应不小于 0.3 m。

3. 跑道入口标志

（1）组成：一组尺寸相同、位置对称于跑道中线的纵向线段。

（2）位置：从距跑道入口 6 m 处开始，线段的总数应按跑道宽度确定，见表 3.1。

（3）当跑道道面宽度不在表 3.1 规定的范围内时，应以批准的飞行区指标Ⅱ所对应的跑道宽度确定跑道入口标志线段总数。

（4）尺寸：入口标志的线段应横向布置至距跑道边不大于 3m 处，或跑道中线两侧各 27 m 处，以得出较小的横向宽度为准。线段长度应至少 30 m，宽约 1.8 m，线段间距约 1.8 m，且最靠近跑道中线的两条线段之间应用双倍的间距隔开，如图 3.3 所示。

表 3.1　跑道入口标志线段数量

跑道宽度/m	线段总数
18	4
23	6
30	8
45	12
60	16

注：表中数据源自《民用机场飞行区技术标准》（MH5001—2021）。

4. 跑道入口内移标志

当航空器着陆时，如果有新增障碍物穿过下滑道，为了保证航空器着陆安全，需要调整下滑道，这样就导致跑道入口发生内移，如图 3.4 所示。此时，就需要画设跑道入口内移标志（临时内移或永久内移）。

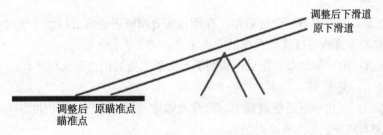

图 3.4　跑道入口内移原因

（1）组成：跑道入口内移标志包括两部分，一是原有跑道入口标志前增加一条宽度不小于 1.8m 的横向线段；二是将跑道入口前的标志遮掩，只保留跑道边线标志，同时将原来中线标志改为箭头，其数量应按跑道宽度确定，见表 3.2。

（2）颜色：白色，如图 3.5 所示。

表 3.2　建议的入口标志箭头尺寸及数量

跑道宽度/m	h 值/m	箭头数量
18	10.2	3
23		3
30	12	4
45		5
60		7

注：表中数据源自《民用机场飞行区技术标准》（MH5001—2021）。

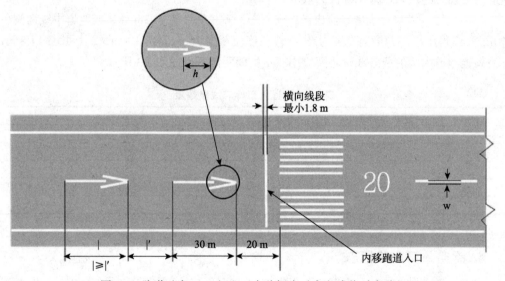

图 3.5　跑道（宽 45 m）入口内移标志（永久或临时内移）

5. 瞄准点标志

（1）位置：跑道的每一个进近端。在跑道装有精密进近坡度指示系统时，瞄准点标志的开始端与精密进近坡度指示系统的起点重合，如图 3.6 所示。

（2）组成：由对称地设在跑道中线两侧的两条明显的白色条块组成。

（3）尺寸：见表 3.3。

（4）作用：飞机在进近的过程中，依靠此瞄准点标志控制下滑坡度，当航空器着陆时，主起落架与瞄准点标志重合时最佳。

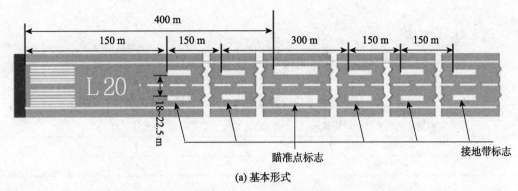

(a) 基本形式

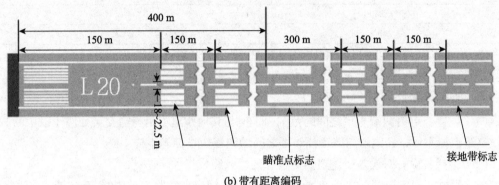

(b) 带有距离编码

注意：图中跑道长度为 2400 m 及以上。

图 3.6　瞄准点标志和接地带标志

表 3.3　瞄准点标志的位置和尺寸

位置和尺寸	可用着陆距离/m			
	< 800	[800, 1200)	[1200, 2400)	≥ 2400
标志开始端至跑道入口	150	250	300	400
标志线段长度	30~45	30~45	45~60	45~60
标志线段宽度	4	6	6~10	6~10
线段内边的横向间距	6	9	18~22.5	18~22.5

注：表中数据源自《民用机场飞行区技术标准》（MH5001—2021）。

6. 接地带标志

（1）设置条件：仪表跑道和飞行区指标Ⅰ为 3 或 4 的非仪表跑道，如图 3.6 所示。

（2）组成：若干对对称设置在跑道中线两侧的长方形标志块。长方形标志块对数具体规定见表 3.4。

（3）尺寸：在图 3.6（a）中，每条标志线条的长度和宽度应分别不小于 22.5m 和 3m。在图 3.6（b）中，每条标志线条的长度和宽度应分别不小于 22.5 m 和 1.8 m，相邻线条之间的间距应为 1.5 m。成对标志线条的纵向间距应为 150 m，自距离跑道入口 150 m 处开始。在飞行区指标Ⅰ为 2 的非精密进近跑道上，应在瞄准点标志起端之后的 150m 处增设一对接地带标志。

（4）颜色：白色。

（5）作用：标示航空器安全着陆的接地范围。

表 3.4　接地带标志块对数与跑道可用着陆距离的关系

可用着陆距离或两端入口间的距离/m	标志块对数
＜900	1
［900，1200）	2
［1200，1500）	3
［1500，2400）	4
≥2400	6

注：表中数据源自《民用机场飞行区技术标准》（MH5001—2021）。

7. 跑道边线标志

（1）位置：跑道两端入口之间的范围内，但与其他跑道或滑行道交叉处应予以中断。如设有跑道掉头坪，在跑道与跑道掉头坪之间的跑道边线标志不应中断。

（2）组成：由一对设置于跑道两侧边缘的线条组成。

（3）尺寸：当跑道宽度大于 60 m 时，标志外边缘应设在距跑道中线 30 m 处。跑道宽度大于或等于 30 m 时，跑道边线标志的线条宽度应至少为 0.9 m；跑道宽度小于 30 m 时，跑道边线标志的线条宽度应至少为 0.45 m。

（4）作用：勾画跑道边线，显示跑道边界信息，提示飞机驾驶员在飞机滑行时，不要偏离出此区域。

8. 跑道入口前标志

（1）设置条件：当跑道入口前设有长度不小于 60 m 的铺筑面，且不适于飞机的起飞、降落时，应在跑道入口前的全长用"＞"形符号予以标识，且指向跑道方向，如图 3.7 所示。

（2）颜色：黄色。

（3）尺寸："＞"形符号线条宽度应至少为 0.9 m。

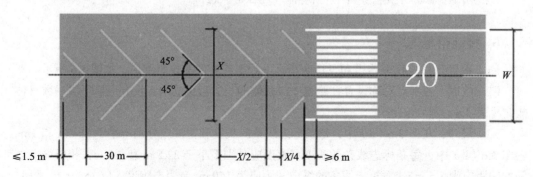

注意：$0 \leq W - X \leq 15$ 其中，W 为跑道宽度，X 为跑道入口前标志宽度。

图 3.7　跑道入口前标志

9. 跑道中心圆标志

（1）位置：在从跑道入口开始计算跑道全长的1/2处的跑道中线上。

（2）形式：白色实线圆形，如图3.8所示。

（3）尺寸：圆圈外缘直径为跑道宽度的1/2，圆圈线条宽度与跑道中线标志同宽。

（4）作用：提供跑道中心点的位置，提示航空器驾驶员剩余跑道的长度。

10. 跑道关闭标志

（1）位置：在临时或永久关闭的跑道或其中一部分，在跑道两端均需要设置。如果关闭跑道的长度超过300 m，还应在中间设置跑道关闭标志。

（2）作用：提示航空器驾驶员该跑道不可使用。

（3）形式及最小尺寸：如图3.9所示。

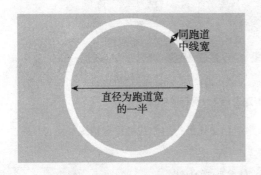

图3.8　跑道中心圆形标志

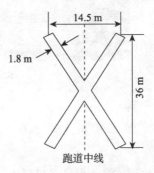

图3.9　跑道关闭标志

3.2.2　滑行道道面标志

1. 滑行道中线标志

（1）位置：滑行道、机坪滑行道、机位滑行道以及除冰坪应设置滑行道中线标志，为飞机提供从跑道到各机位之间的滑行引导。

（2）形式：连续的黄色实线。当道面颜色较浅时，为了更加突出标志，宜在黄色滑行道中线标志两侧设置宽度不小于0.05 m的黑边，如图3.10（a）、图3.10（b）所示。

（3）中断及连续位置：①滑行道中线标志与跑道入口标志交叉时应连续，如图3.10（c）所示；②滑行道中线标志在与跑道等待位置标志、中间等待位置标志及跑道中线标志相交处应该中断，如图3.12、图3.13所示。

（4）尺寸：线宽不小于0.15 m。

（5）作用：为飞机驾驶员提供从跑道中线到停机坪、站坪或其他目的地上机位标志开始点的引导，同时也是飞机前轮的滑行路线。

2. 跑道掉头坪标志

（1）位置：在跑道掉头坪处应设置跑道掉头坪标志。

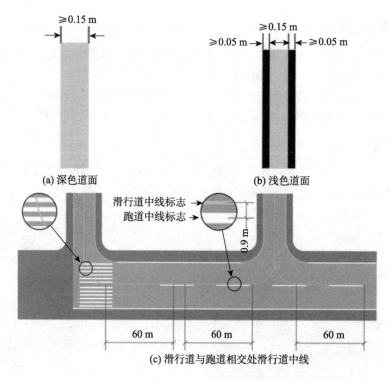

图 3.10 滑行道中线标志、滑行道与跑道相交处滑行道中线的设置情况

（2）作用：连续引导飞机完成 180°转弯并对准跑道中线。

（3）尺寸及形式：不小于 0.15 m 宽的连续黄色实线。沿掉头坪边缘宜设置掉头坪边线标志，其设置方法与滑行边线标志的设置方法相同。

跑道掉头坪标志应从跑道中线标志开始并平行于跑道中线标志延伸一段距离，再从跑道中线的切点弯出进入掉头坪。当飞行区指标 I 为 3 或 4 时，该距离应不小于 60 m；当飞行区指标 I 为 1 或 2 时，该距离应不小于 30 m，如图 3.11 所示。

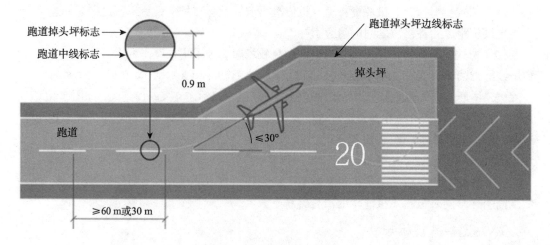

图 3.11 跑道掉头坪标志

3. 跑道等待位置标志

（1）位置：在与跑道相交的滑行道上，离跑道中心线规定距离（见表 3.5）且垂直于该处滑行道中心线位置处。

（2）作用：防止可能来自滑行道方向的飞机或车辆穿过障碍物限制面，对飞机起降安全构成威胁，或对电线导航设施的正常运行构成干扰。

（3）形式：跑道等待位置标志共有 A、B 两种类型，如图 3.12 所示。当滑行道与非仪表跑道、非精密进近跑道相交时，跑道等待位置标志应该为 A 型，航空器在实线处等待，当得到空管许可指令后，航空器或者车辆沿着"实线—虚线"方向前进至跑道端。

当滑行道与 I、Ⅱ 或 Ⅲ 类精密进近跑道相交时，如果仅设有一个跑道等待位置，则应该为 A 型。在上述相交处如设有多个跑道等待位置，则最靠近跑道的跑道等待位置标志应采用 A 型，而其余离跑道较远的跑道等待位置标志应采用 B 型。

表 3.5　跑道等待位置或道路等待位置距跑道中线的最小距离　　单位：m

跑道的类型	飞行区指标 I			
	1	2	3	4
非仪表	30	40	75	75
非精密进近	40	40	75	75
I 类精密进近	60a	60a	90a	90a, b
Ⅱ类、Ⅲ类精密进近	—	—	90a	90a, b
起飞跑道	30	40	75	75

注：表中数据源自《民用机场飞行区技术标准》（MH5001—2021）。

a—为了避免干扰导航设备，特别是下滑信标和航向信标信号，该距离可能需要增加，以确保其与仪表着陆系统和微波着陆系统临界区和敏感区的范围相匹配。

b—飞行区指标Ⅱ为 F 时，该距离采用 140 m，但能接纳装有数字化航空电子设备以便在复飞操作时提供操纵指令使飞机保持已建立航迹的飞行区指标Ⅱ为 F 的机场除外。

（4）颜色：黄色。如果是浅色道面，跑道等待位置标志应设置黑色背景，黑色背景外边宽为 0.1m。

（5）尺寸：如图 3.12 所示。

4. 中间等待位置标志

（1）位置：在两条滑行道相交处设置，并垂直于滑行道中线布置。

（2）作用：保证滑行中的飞机在两滑行道交叉处有一定安全净距，以便相互避让。

（3）形式：单条断续线的黄色虚线，当为浅色道面时，中间等待位置标志周围宜设黑色背景，如图 3.13 所示。

（4）要求：当两个相邻的中间等待位置标志距离小于 60 m 时，可仅保留一个中间等待位置标志，并设置于两个相邻的中间等待位置标志的中间处。

（5）尺寸：如图 3.13 所示。

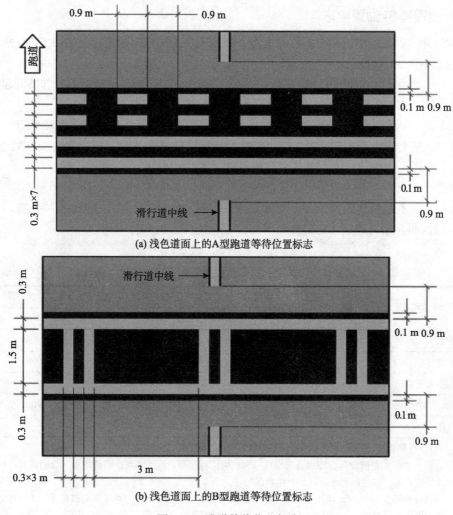

图 3.12　跑道等待位置标志

5. 滑行道边线标志

（1）作用：区分承重道面与滑行道、跑道掉头坪、等待坪和停机坪的道肩以及其他非承重道面，减少飞机冲出滑行道对飞机造成结构损伤。

（2）位置：滑行边线标志应沿承重道面的边缘设置，如图 3.14 所示。

（3）形式：两条黄色实线，线宽、间距均为 0.15 m。

6. 滑行道道肩标志

（1）位置：在滑行道转弯处。

（2）作用：区分滑行道承重道面与非承重道面。

（3）形式：由垂直于滑行边线或滑行边线的切线的黄色实线组成。

（4）尺寸：线条之间的间距应不超过 15 m。线宽 0.9 m，线长 7.5 m 或者应延伸至距离经过稳定处理的铺筑面的外边缘 1.5 m 处，取长度较短者，如图 3.14 所示。

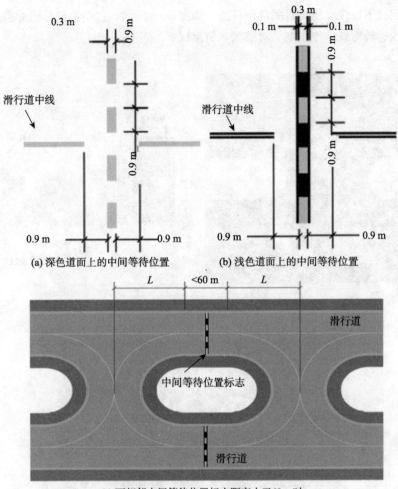

图 3.13 中间等待位置标志

7. 滑行道关闭标志

（1）位置：临时或永久关闭的滑行道或其中一部分，滑行道两端均需要设置。当滑行道永久关闭时，只需要画设关闭标志，并将滑行道上的其他标志涂抹。如果关闭平行滑行道的长度超过 300 m，还应在中间设置滑行道关闭标志。

（2）作用：提示飞机驾驶员该滑行道不可使用。

（3）颜色、形式及最小尺寸：黄色实线，如图 3.15 所示。

3.2.3 机坪相关标志

1. 飞机机位标志

在有铺筑面的机坪和规定的除冰防冰设施停放位置上应设飞机机位标志。按照飞机停放位置的不同，飞机机位分为飞机直置式和飞机斜置式。由于直置式飞机停放时不需要转弯引导，因此下面仅介绍斜置式机位标志，如图 3.16 所示，包括机位号码标志、引入线、转弯开始线、转弯线、停止线、对准线、引出线。

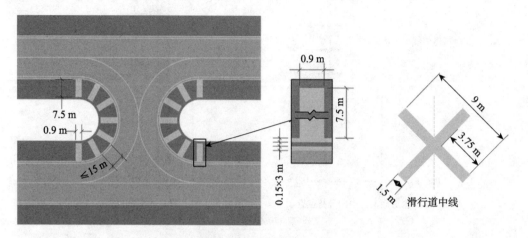

图 3.14　滑行道道肩及滑行边线标志　　　　图 3.15　滑行道关闭标志

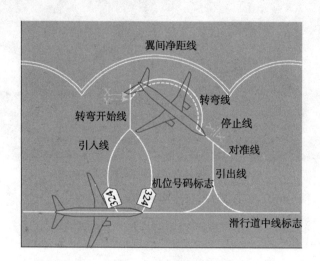

图 3.16　斜置式机位标志

引入线、转弯线、引出线均为黄色连续实线，线宽不小于 0.15 m，浅色道面上的标志宜设不小于 0.05 m 的黑边。

根据机场实际情况，引入线分为 A、B、C、D 四种类型，具体形式见《民用机场飞行区技术标准》（MH5001—2021）。

转弯开始线应设在对正即将开始转弯的飞机左座驾驶员位置，与引入线成直角，长度应不小于 6 m，宽度应不小于 0.15 m，并包括一个指明转弯方向的箭头。如果需要一条以上的开始转弯线时，则应对它们分别编码，如图 3.16 中 X、Y 所示。

对准线应与停放在规定位置的飞机中线延长线相重合，并使其能被正在停机操作最后阶段中的驾驶员看见，其宽度应不小于 0.15 m。

当飞机没有任何引导措施时，停止线应设在对正位于拟定的停止点上的左座驾驶员座席位置并与对准线成直角。其长度应不小于 2 m，宽度应不小于 0.15 m。如果需要一条以上的停止线，应对它们分别编码。机位停止线旁应标注此处停放机型的编码，机型编码的文字方向宜与飞机停放方向相反，文字采用黄色，当道面为浅色时，加一个黑色的边框，如图 3.17 所示。

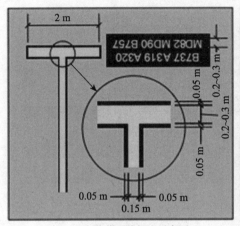 

(a) 机位停止线标志示意图　　　　　　(b) 某机场机位停止线实例图

图 3.17　机位停止线标志

2. 机位号码标志

（1）位置：设在引入线起端后一小段距离处，如图 3.18 所示。

（2）尺寸：标志的高度应足以从使用该机位的飞机驾驶舱内看清楚。其中，A 为 4 m，B 为 5 m，C 随字符宽度而定，D 为 0.1 m，E 为 2 m，如果空间受限，则 A、B、E 可缩小一半。

（3）颜色：黄底黑字，当道面为浅色时，应在标志外设黑色边框。

3. 推出线和推出等待点标志

如果运行需要严格限制航空器推出路线和等待滑行位置的区域，可设置航空器推出线和推出等待点。

1）推出线

推出线是给地面勤务人员使用的地面标志，是一条 0.15m 宽的白色虚线，尺寸如图 3.19 所示。

2）推出等待点

推出等待点设置在靠近滑行道的飞机推出线端点，垂直于推出线，是航空器前轮的停止点，其尺寸如图 3.19 所示。推出等待点用 PB 表示，即 push back。

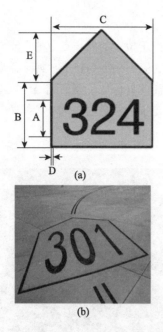

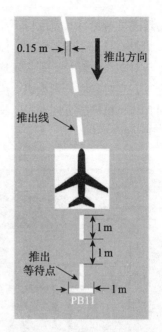

图 3.18　机位识别号码标志

图 3.19　推出线和推出等待点标志

4. 机坪安全线标志

机坪安全线标志包括机位安全线、翼尖净距线、服务车道边界线、设备和车辆停放区边界线，以及各类栓井标志等。其中，机位安全线、廊桥活动区标志线、各类栓井标志为红色，翼尖净距线、服务车道边界线、设备和车辆停放区等均为白色。

1）机位安全线

机位安全线是指设置在飞机的机头、机身以及机翼两侧的多段、非闭合直线，根据停放在该机位的最大机型划设。

机位安全线为红色实线或虚线。当与相邻飞机的机位安全线存在交叉时，交叉部分的机位安全线为红色虚线，红色虚线框内由 45°倾斜的等距红色直线段填充，其尺寸如图 3.20 所示。

2）翼尖净距线

设置翼尖净距线的主要目的是减少服务车辆、保障设备及作业人员对滑行飞机的干扰，保证机坪滑行道上飞机的运行安全。翼尖净距线为白色双实线，其线宽为 0.15 m，间距 0.1 m，如图 3.20 所示。翼尖净距线与滑行道中线或机位滑行道中线的净距（图 3.20 中 A）要满足表 2.9 的要求。

3）服务车道边界线

机场根据自己的实际情况设置服务车道。当设置服务车道时，服务车道的边界线为白色实线，距翼尖净距线、停放飞机的净距（图 3.20 中 C、D）应满足表 2.13 的要求。

4）设备和车辆停放区标志

设备停放区标志内标注的文字符号应采用白色黑体字。

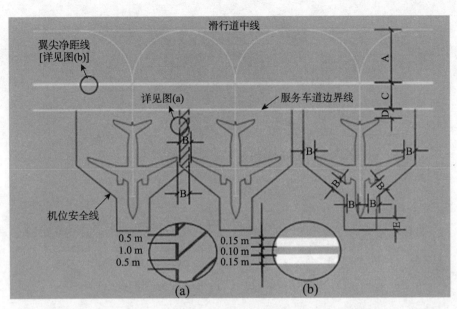

图 3.20 自滑进、顶推出机位安全线示意图（有服务车道）

（1）轮挡放置区。在机坪上应划设轮挡放置区标志。标志由边长为 1 m、线宽 0.15 m 的白色正方形实线框和框内标注白色"轮挡"字样构成，且字样方向应与飞机停放方向相反，如图 3.21 所示。

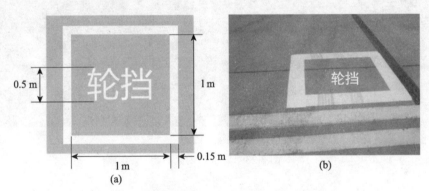

图 3.21 轮挡放置区标志（图中的灰底为原道面颜色）

（2）作业等待区。机坪上可划设作业等待区，用以规范飞机入位前各类作业设备的等待停放位置。作业等待区分为常规作业等待区和临时作业等待区两种，如图 3.22 所示。"常规作业等待区"允许设备在飞机进、出机位期间持续停放，通常用于"自滑进、顶推出"机位；"临时作业等待区"只允许设备在飞机入位前临时停放，完成作业后则应撤出该区域，以允许飞机从该区域通过，通常用于"自滑进出"机位。

（3）廊桥活动区。廊桥活动区标志用于标注廊桥停放及活动时所经过的区域。由廊桥活动区和驱动轮回位点两部分组成，其基本形式如图 3.23 所示。

廊桥活动区为空心圆之外的区域，由 45°倾斜的等距平行红色直线段组成，尺寸如图 3.23 所示。

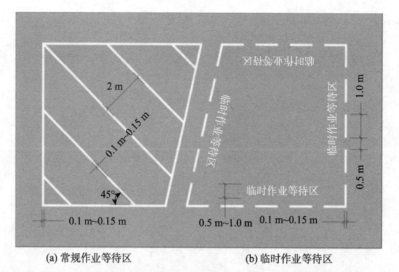

(a) 常规作业等待区　　　　(b) 临时作业等待区

图 3.22　作业等待区标志（图中的灰底为原道面颜色）

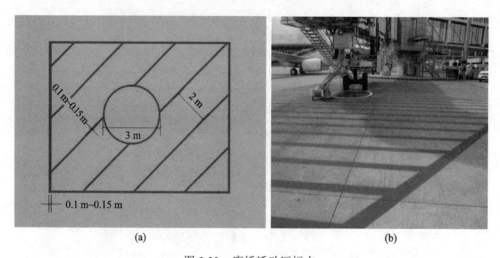

图 3.23　廊桥活动区标志

廊桥驱动轮回位点中间为空心圆部分，空心圆圆周均为红色实线，空心圆内部为白色，圆圈直径 3 m。

（4）机位设备摆放区。机位设备摆放区标志用于标注摆放高度为 1.5 m（含）以下的小型设备（包括氮气瓶、千斤顶、六级以下小型工作梯、放水设备、非动力电源车等）。其由长、宽尺寸不确定的白色矩形框和框内一处或多处"设备区"字样组成，线宽和字样尺寸如图 3.24 所示。

（5）特种车辆停车位。标识是专门用于停放某种类型特种车辆的停车位标志，其由一个白色矩形框组成，框内标注"××车"字样。如果对停车方向有特殊要求，则应增设停车方向指引标志，且矩形大小视停放车辆而定，如图 3.25 所示，特种车辆停车位尺寸见表 3.6。

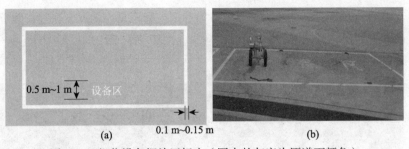

图 3.24　机位设备摆放区标志（图中的灰底为原道面颜色）

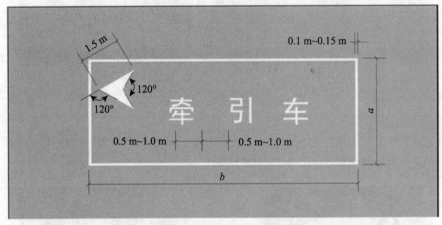

图 3.25　特种车辆停车位标志（图中的灰底为原道面颜色）

表 3.6　特种车辆停车位标志参考尺寸

车 位 名 称	尺寸（a×b）/m
传送带车位	3×10
飞机牵引车位	4.5×10
摆渡车位	4.5×14
平台车	5×12
机位区域通用保障车位	4×10

注：表中数据源自《民用机场飞行区技术标准》（MH5001—2021）。

（6）集装箱、托盘摆放区。该标志用于标注供托盘及集装箱长期停放的区域，由一个白色矩形构成，矩形内有平行于一对边的等距线段，如图 3.26 所示。

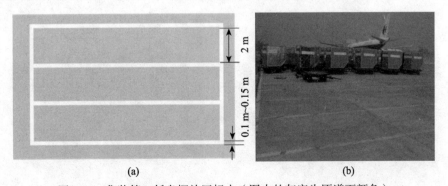

图 3.26　集装箱、托盘摆放区标志（图中的灰底为原道面颜色）

（7）车辆中转区。在机位区域保障作业等待区空间不足的情况下，宜在附近机坪寻找适合位置设置车辆中转区，供保障车辆临时停放。该区域一般为矩形，内部有一处或多处"车辆中转区"文字标注，如图3.27所示。

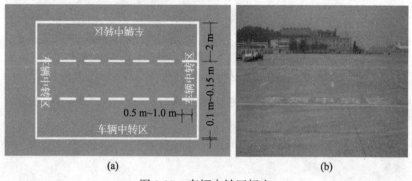

图 3.27　车辆中转区标志

5）各类栓井标志

（1）消防栓井。消防栓井标志采用正方形标示，正方形边长为消防栓井直径加0.4 m，正方形内除井盖外均涂成红色，如图3.28所示。

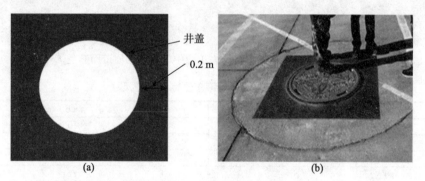

图 3.28　机坪消防栓井标志

（2）机坪加油栓井和其他栓井标志。机坪加油栓井和其他栓井标志采用红色圆圈标示，圆圈外径为栓井直径加0.4 m，圆圈宽度为0.2 m，如图3.29所示。

栓井标志外0.2 m的范围内应涂设栓井编号，编号视机场情况而定。

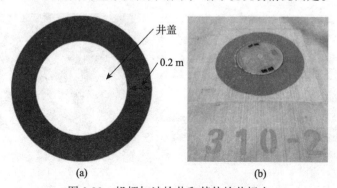

图 3.29　机坪加油栓井和其他栓井标志

6）限速标志

在进入机坪服务车道入口 20 m 内最好设置地面限速标志，以后限速标志每隔 300 m～500 m 设置。限速标志为圆形，直径不小于 1.5 m，白底黑字，字符高度为 1 m，外边为宽 0.15 m 的红色圆圈，如图 3.30 所示。

图 3.30　限速标志（图中的灰底为原道面颜色）

3.3　滑行引导标记牌

滑行引导标记牌系统是指安装在飞行区特定位置上的大大小小的标记牌组成的系统。其作用是在机场内保障航空器滑行和车辆地面活动的安全。

对标记牌的要求如下。

（1）标记牌应坚固耐用，能承受 60 m/s 的风力荷载，但其支柱根部应易折。

（2）牌面为长方形，可单面显示或双面显示。

（3）如果是夜间使用的仪表跑道或跑道视程小于 800 m 或夜间使用的飞行区指标 I 为 3、4 的非仪表跑道，标记牌内部须有照明。

（4）牌中的文字、符号的高度和安装高度以及牌距跑道或滑行道边缘距离见表 3.7。

表 3.7　滑行引导标记牌的位置距离

飞行区指标 I	标记牌高度/mm			标记牌距滑行道道面边缘距离/m	标记牌距跑道道面边缘距离/m
	文字高度	牌面（最小）	安装高度（最大）		
1 或 2	200	300	700	5～11	3～10
1 或 2	300	450	900	5～11	3～10
3 或 4	300	450	900	11～21	8～15
3 或 4	400	600	1100	11～21	8～15

注：表中数据源自《民用机场飞行区技术标准》（MH5001—2021）。

滑行引导标记牌按功能划分为强制性指令标记牌和信息标记牌。

3.3.1　强制性指令标记牌

在需要指示行进中的航空器或车辆不能越过未经机场管制塔台许可的界线，应设强制性指令标记牌。其颜色应为红底白字,当环境与标记牌文字颜色接近导致标记牌文字不明显时,最好在白色文字符号外缘加黑色边框。

1. 跑道号码标记牌

跑道号码标记牌主要是提醒驾驶员所处跑道两端号码。在 A 型跑道等待位置标志延长线的两端各设一块,且跑道号码标记牌上的文字符号应包括相交跑道两端的跑道识别号码,并按照观看标记牌的方向安排号码顺序,只有靠近跑道一端的跑道号码标记牌可仅包括该跑道端的识别号码,如图 3.31 所示。

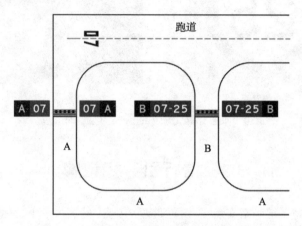

图 3.31　跑道号码标记牌

当 A 型跑道等待位置和 B 型跑道等待位置相距不大于 15 m 时,可将跑道号码标记牌移至 B 型跑道等待位置处,并将原应在该处的设置的Ⅰ类、Ⅱ类或Ⅲ类等待位置标记牌取消,以Ⅰ类精密进近跑道为例,如图 3.32 所示。

2. Ⅰ类、Ⅱ类或Ⅲ类等待位置标记牌

Ⅰ类、Ⅱ类或Ⅲ类等待位置标记牌设在 B 型跑道等待位置标志的两端,垂直于滑行道中线,距滑行道边缘距离见表 3.7。在Ⅰ类、Ⅱ类、Ⅲ类或Ⅱ/Ⅲ类合用的等待位置标记牌上的文字应为相应跑道号码后加"CATⅠ""CATⅡ""CATⅢ"或"CATⅡ/Ⅲ",如图 3.33 所示。

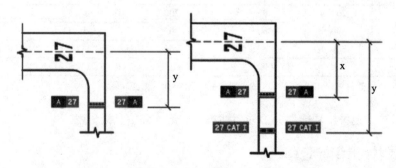

图 3.32　滑行道与跑道交界处的标记牌位置图

(a)   (b)

图 3.33 Ⅱ类等待位置标记牌

3. 跑道等待位置标记牌

如果滑行道的位置或方向使滑行的航空器或车辆会侵犯障碍物限制面或干扰无线电助航设备的运行，则应在该滑行道上设跑道等待位置标记牌。该标记牌应设在障碍物限制面或无线电助航设备的临界/敏感区边界处的跑道等待位置上，朝向趋近的航空器，并在跑道等待位置的两侧各设一块。牌面文字包括滑行道识别代码和一个数字，如图 3.34 所示。

(a)   (b)

图 3.34 跑道等待位置标记牌

4. 禁止进入标记牌

当需要禁止航空器进入一个地区时，应设置禁止进入标记牌。标记牌位于禁止进入地区起始处的滑行道两侧，面对驾驶员，如图 3.35 所示。

5. 强制等待点标记牌

根据实际运行的需要，在航空器必须接到管制指令后方可通过的地方，应设置强制性指令标记牌"HP X"（X 为阿拉伯数字），如图 3.36 所示。

图 3.35 禁止进入标记牌   图 3.36 强制等待点标记牌

3.3.2 信息标记牌

1. 位置标记牌

位置标记牌向驾驶员提供其所在滑行道位置，标记牌颜色为黑底黄字，如果单独设置，还要增加黄色边框，如图 3.37（c）所示。位置标记牌主要在以下几种情况下设置。

（1）A 型跑道等待位置标志两端延长线规定距离（见表 3.7）处设在跑道号码标记牌的外侧，如图 3.37（a）、图 3.37（b）所示。

（2）位置标记牌与跑道脱离标记牌合设，设置在其外侧，如图 3.37（d）、图 3.37（e）所示。

（3）位置标记牌与方向标记牌合设构成方向标记牌组，如图 3.37（f）、图 3.37（g）、图 3.37（h）、图 3.37（i）所示。

（4）航空器穿越跑道或复杂的滑行道进入正确的滑行道后，在正确滑行道位置的左侧设置位置标记牌，如左侧不能设置时，也可设在右侧，如图 3.38 所示。

（5）每一中间等待位置处应设一位置标记牌，但如果该处已设有方向标记牌组，则不再单独设置位置标记牌，如图 3.39 所示。

2. 方向标记牌及方向标记牌组

1）方向标记牌

在运行需要标明在一相交点的滑行道的识别代码和方向时，应设置一块黄底黑字的方向标记牌。方向标记牌包括滑行道编号和表示转弯方向的箭头，其中，箭头的方向应与指示的方向一致或近似，指向左转的箭头应设在滑行道编号的左侧，指向右转的或直行的箭头应设在滑行道编号的右侧，如图 3.37（f）所示。在只有两条滑行道交叉处，宜用一个带两个箭头的方向标记牌代替两个滑行道编号相同、方向不同的标记牌，此时位置标记牌应设在方向标记牌左侧，如图 3.37（g）所示。

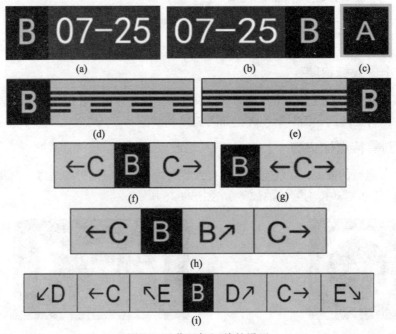

图 3.37　位置标记牌的设置

方向标记牌的布置应使各个方向箭头偏离垂直线的程度随着相应滑行道方向偏离所在滑行道方向的程度的增大而增大，且相邻方向标记牌应用黑色垂直分界线隔开。

2) 方向标记牌组

在滑行道与滑行道交叉点之前，如果按运行常规要求航空器进行观察选择前进的方向，则应该在该处设置一个方向标记牌组。方向标记牌组设在滑行道的左侧，由一块标明所在滑行道的位置标记牌和若干个标出航空器可能需要转入的滑行道的方向标记牌组成，如图3.37（i）、图3.38所示。

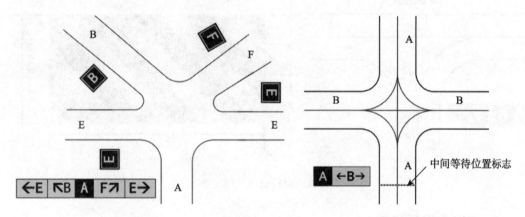

图3.38　复杂滑行道交叉处增设位置标记牌　　图3.39　中间等待位置标志处增设位置标记牌

3. 目的地标记牌

在需要用标记牌向驾驶员指明前往某一目的地的滑行方向处，宜设一块黄底黑字的目的地标记牌。该标记牌由代表该目的地的符号（如字母、字母数字或数字信息）和一个指明去向的箭头组成，如图3.40所示。图3.40（a）表示由此处所在位置向左转就可以到达停机坪。

APRON 表示客机坪或客货共用机坪，跑道号码表示跑道端，CARGO 表示货机坪，RUNUP 表示试车坪，INTL 表示国际航班专用机坪，MIL 和 CIVIL 分别表示军民合用机场的军用部分和民用部分，DEICING 表示除冰坪。

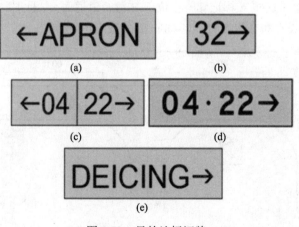

图3.40　目的地标记牌

4. 滑行道终止标记牌

在滑行道终止于前方 T 形相交点，且不便设置目的地标记牌时，可设置一个黄黑交替斜纹滑行道终止标记牌。滑行道终止标记牌应设在终止的滑行道终端的对面，如图 3.41 所示。

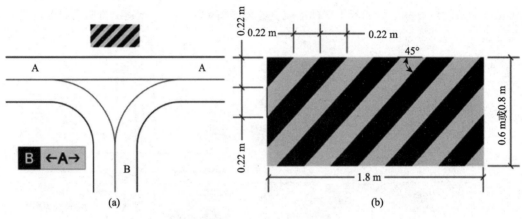

图 3.41　滑行道终止标记牌

5. 跑道出口标记牌

跑道出口标记牌的作用是为着陆后正在跑道上减速滑行的飞机提供可用出口滑行道的代号和方向信息，因此，跑道出口标记牌为黄底黑字，牌面文字符号包括跑道出口滑行道的代码和一个标明应遵行方向的箭头。

当飞行区指标 I 为 3 或 4 时，跑道出口标记牌应设在跑道与出口滑行道相交切点前不小于 60 m 处，当飞行区指标 I 为 1 或 2 时，标记牌应设在跑道与出口滑行道相交切点前不小于 30 m 处。

当一条跑道的两条出口滑行道距离较近时，其中一个跑道出口标记牌按要求设在跑道与出口滑行道相交切点之前至少 60 m 处（如图 3.42，按要求，A 标记牌应位于相交切点之前至少 60 m），但是这样 A 标记牌就会位于 B 滑行道道面上，此时，可以适当改变 A 标记牌的位置，使其设在相交切点前不足 60 m 处的适当位置。

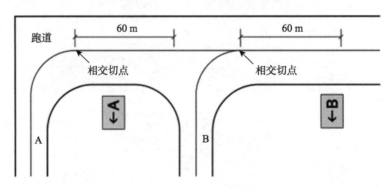

图 3.42　跑道出口标记牌的设置

6. 机位号码标记牌

机位号码标记牌提供拟滑入机位的信息。机位号码标记牌可在建筑物上悬挂安装，也可在地面上立式安装，其牌面尺寸、安装位置和高度应使准备进入机位的航空器驾驶员能看清楚，如图 3.43（c）所示。

当机位有登机廊桥时，应在登机廊桥固定端上设置机位号码标识牌。机位号码标记牌最好是三棱柱形，牌面上仅显示机位号码，牌面之间夹角不小于 60°，如图 3.43（d）所示。

当机位号码标记牌设在机位上时，应设在机位中线延长线上，如果不可行，应在机位中线左侧设置。

机位号码标记牌为黄底黑字，其尺寸和形式如图 3.43（a）、图 3.43（b）所示。图中 h 为表 3.7 中的牌面高度。

7. VOR 机场校准点标记牌

当机场设有 VOR 机场校准点时，应设置 VOR 机场校准点标记牌。标记牌应尽可能地靠近校准点，使在正确地位于 VOR 机场校准点标志上的航空器驾驶舱里能看到标记牌上的字样。标记牌为黄底黑字，如图 3.44 所示。其中，116.3 表示该 VOR 台的工作频率；

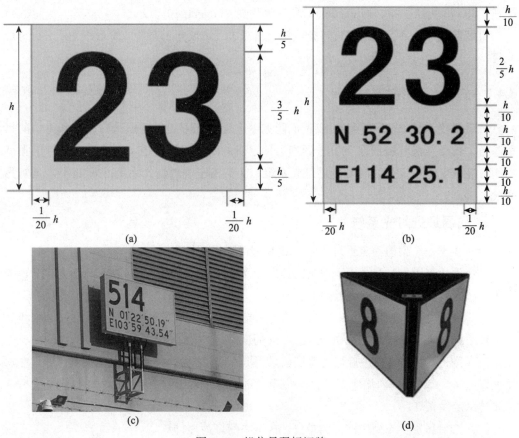

图 3.43　机位号码标记牌

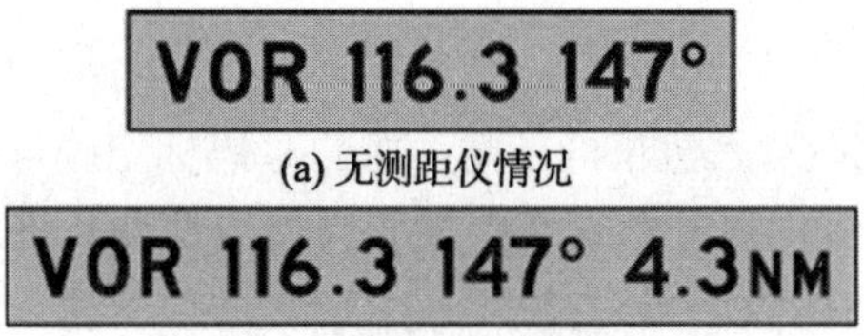

VOR 116.3 147°

(a) 无测距仪情况

VOR 116.3 147° 4.3NM

(b) 有测距仪情况

图 3.44　VOR 机场校准点标记牌

147°表示该校准点的 VOR 方位角；4.3NM（海里）（1 海里＝1.852 千米）表示该 VOR 台距测距仪的距离。

3.4　助航灯光

助航灯光是为飞机在夜间或低能见度情况下起飞、着陆、滑行提供目视引导而设于机场内规定地段的灯光之标志总称。

机场灯光系统的特性由四个主要因素组成，分别是构形（configuration）、颜色（color）、光强（其单位为坎德拉，即 candela）和有效范围（coverage）。

机场助航灯光系统包括进近灯光系统、精密进近坡度指示系统、跑道灯光、滑行道灯光等。

3.4.1　进近灯光系统

进近灯光系统供飞机于夜间或者低能见度进近情况下提供跑道入口位置和方向的目视参考，帮助飞机驾驶员在飞机进近到达预定点的时候对准跑道。按照适用的跑道类型不同，进近灯光系统分为简易进近灯光系统，Ⅰ类精密进近灯光系统，Ⅱ/Ⅲ类进近灯光系统。

1. 简易进近灯光系统

（1）类型：A 型简易进近灯光系统和 B 型简易进近灯光系统。

（2）适用范围：A 型适用于在夜间使用的飞行区指标Ⅰ为 3 或 4 的非仪表跑道，B 型适用于在夜间使用的非精密进近跑道。

（3）组成：位于跑道中线延长线上并尽可能延伸到距跑道入口不少于 420 m 的中线灯和一排距跑道入口 300 m 处长 30 m 或 18 m 的横排灯。

（4）颜色：A 型简易进近灯光系统应采用低光强发红色恒定光的全向灯具，灯具在水平面以上 0°～50°范围内均应发光；B 型简易进近灯光系统的中线灯和横排灯应是发可变白光的恒定发光灯。

（5）二者区别：A 型中的灯为单灯，B 型中的灯为短排灯。

（6）尺寸及具体形式：见图 3.45 所示。

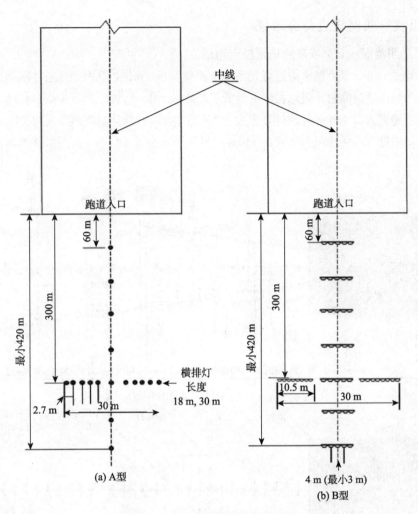

图 3.45 简易进近灯光系统

2. Ⅰ类精密进近灯光系统

（1）适用范围：Ⅰ类精密进近跑道。

（2）组成：位于跑道中线延长线上并尽可能延伸到距跑道入口 900 m 处的中线灯和一排在距跑道入口 300 m 处构成一个长 30 m 的横排灯。

（3）颜色：发可变白光的恒定发光灯。

（4）类型：A 型Ⅰ类精密进近灯光和 B 型Ⅰ类精密进近灯光。

（5）区别：A 型的中线灯，在中线的最里面 300 m 部分为单灯光源，中间 300 m 部分为双灯光源，外端 300 m 部分为三灯光源；B 型的中线灯为一个短排灯。如果是 B 型，在中线短排灯上，应各附加一个每秒闪光 2 次的顺序闪光灯（由于闪烁起来像一只奔跑的兔子，因此又被称为 rabbit），从最外端的灯向入口逐个顺序闪光。

（6）尺寸和形式：如图 3.46 所示。

3. Ⅱ类、Ⅲ类进近灯光系统

（1）适用范围：Ⅱ类或Ⅲ类精密进近跑道。

（2）组成：Ⅱ、Ⅲ类精密进近灯光系统全长宜为900 m，如果因场地条件限制无法满足上述要求的可以适当缩短，但总长度不得低于720 m。由一行位于跑道中线延长线上并尽可能延伸到距跑道入口900 m处的灯具组成，此外还应有两行延伸到距跑道入口270 m处的边灯以及两排横排灯，一排距跑道入口150 m，另一排距跑道入口300 m，如图3.47所示。

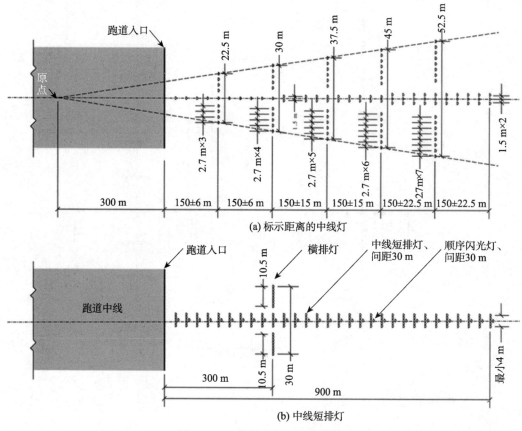

图3.46　Ⅰ类精密进近灯光系统

其中距跑道入口300 m以内的灯具布置及尺寸如图3.47、图3.48所示。如果距跑道入口300 m以外中心灯为短排灯时，那么距跑道入口300处的横排灯及300 m以外的短排灯上，应各附加一个每秒闪光2次，从最外端向跑道入口逐个闪光的顺序闪光灯。

（3）颜色：两行延伸到距跑道入口270 m处，对称跑道中线分布的边灯为红光，其余的为发可变白光的恒定发光灯。

（4）与Ⅰ类精密进近灯光系统的区别：①距跑道入口300 m以内的灯具在两边增加了红色的侧边灯；②增加了一排距跑道入口150 m的短排灯。

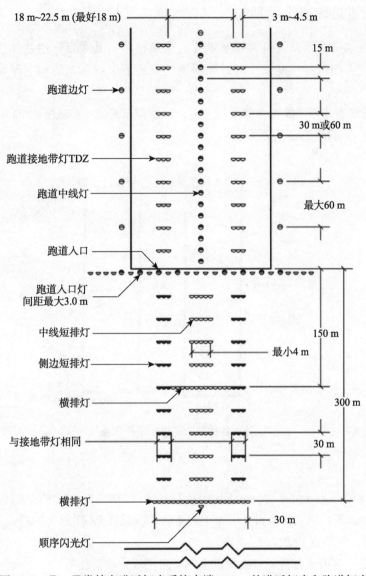

图 3.47　Ⅱ、Ⅲ类精密进近灯光系统内端 300 m 的进近灯光和跑道灯光

图 3.48　Ⅱ类、Ⅲ类精密进近灯光系统

3.4.2 精密进近坡度指示系统

精密进近坡度指示系统是常见和重要的助航设施，其主要作用是保证飞机能沿正确的下滑道进入跑道并且能安全越过障碍物，有进近引导要求的航空器使用的跑道应该设置。

精密进近坡度指示系统分为简易精密进近坡度指示系统（APAPI）和精密进近坡度指示系统（PAPI），如图 3.49 所示。

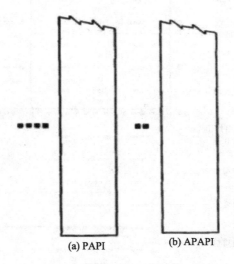

图 3.49　各种精密进近坡度指示系统

1. PAPI

PAPI 的全称是 precision approach path indicator，即精密进近坡度指示器。

（1）适用范围：当飞行区指标 I 为 1 或 2 时，应设置 PAPI 或 APAPI；当飞行区指标 I 为 3 或 4 时，应设置 PAPI。

（2）位置：PAPI 系统应设在跑道的左侧（对进近中的驾驶员而言），但在实际不可行时可设在跑道的右侧。

PAPI 系统应由四个灯具组成，如图 3.50（a）所示。各灯具的光轴在水平面上的投影应平行于跑道中线，朝向进近中的航空器，且灯具应该易折。

（3）PAPI 灯具表达的信号。

①当航空器正在或接近进近坡时，驾驶员看到离跑道最近的两个灯具为红色，离跑道较远的两个灯具为白色。

②当航空器高于进近坡时，驾驶员看到离跑道最近的灯具为红色，离跑道最远的三个灯具为白色；在高于进近坡更多时，看到全部灯具均为白色。

③当航空器低于进近坡时，驾驶员看到离跑道最近的三个灯具为红色，离跑道最远的灯具为白色；在低于进近坡更多时，看到全部灯具均为红色。

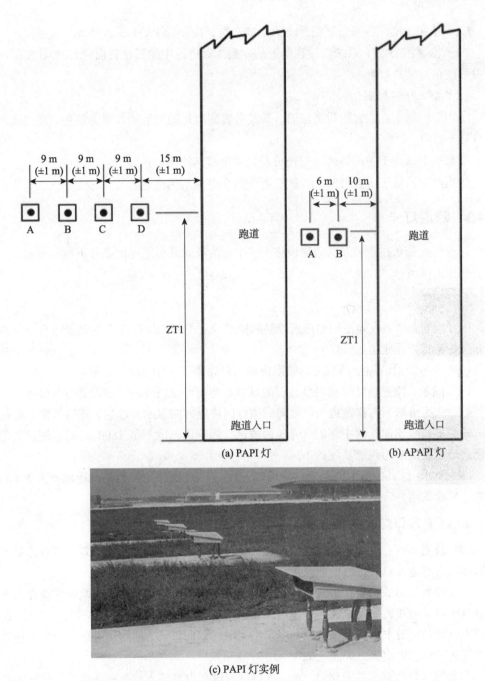

注意：D1 的具体要求见《民用机场飞行区技术标准》（MH5001—2021）。

图 3.50 PAPI 灯及 APAPI 灯的布置

2. APAPI

APAPI 的全称是 abbreviated precision approach path indicator，即简化精密进近坡度指示器。APAPI 系统应由两个灯具组成，如图 3.50（b）所示。

（1）适用范围：当飞行区指标Ⅰ为1或2时，应设置PAPI或APAPI。

（2）位置：APAPI系统应设在跑道的左侧（对进近中的驾驶员而言），但在实际不可行时可设在跑道的右侧。

（3）APAPI灯具表达的信号。

①当航空器正在或接近进近坡时，驾驶员看到离跑道较近的灯具为红色、离跑道较远的灯具为白色。

②当航空器高于进近坡时，驾驶员看到两个灯具均为白色。

③当航空器低于进近坡时，驾驶员看到两个灯具均为红色。

3.4.3 跑道灯光

跑道灯光分布在跑道及其附属设施上，主要为夜间及低能见度条件下航空器起飞、着陆、滑行提供引导。

1. 跑道边灯

（1）设置条件：夜间使用的跑道或昼间跑道视程低于800 m左右的最低运行标准条件下起飞的跑道应设跑道边灯。

（2）位置：沿着跑道两侧边沿或沿边缘以外距离不大于3 m处设置。

（3）颜色：跑道边灯采用轻型易折的灯具，为发可变白光的恒定发光灯；当跑道入口内移时，从跑道端至内移跑道入口之间的边灯向进近方向显示为红色；跑道末端600 m范围内的跑道边灯朝向跑道中部的灯光应为黄色。当跑道长度不足1800 m时，则发黄色光的跑道边灯长度应为跑道长度的1/3。

（4）尺寸：灯具的纵向间距应尽量均匀一致。若为仪表跑道，灯的间距应不大于60 m；若为非仪表跑道，灯的间距应不大于100 m，如图3.51所示。

2. 跑道入口灯及跑道末端灯

（1）设置条件：设有跑道边灯的跑道应设置跑道入口灯及跑道末端灯，只有跑道入口内移并设有跑道入口翼排灯的非仪表跑道和非精密进近跑道可以不设置。

（2）位置及形式：当跑道入口位于跑道端时，跑道入口灯及跑道末端灯应设在跑道端外垂直于跑道中线的一条直线上并尽可能靠近跑道端，距跑道端距离应不大于3 m，此时跑道入口灯与跑道末端灯可以共用一组半红半绿的双向灯具，向跑道进近方向为绿色恒定光，反之为红色恒定光，如图3.52所示。

当跑道入口从跑道端内移时，跑道入口灯应设在内移的入口处一条垂直于跑道中线的直线上，且为向跑道进近方向发绿色光的单向恒定发光灯，如图3.53所示；跑道末端灯设置在跑道末端，且为向跑道方向发红色光的单向恒定发光灯，如图3.54所示。不同类型跑道灯的数量和布置形式与跑道入口位于跑道端时一致。

下面仅以非仪表跑道及非精密进近跑道为例，分别介绍以上两种情况下的跑道入口灯的形式，Ⅰ、Ⅱ、Ⅲ类精密进近跑道的跑道入口灯、末端灯具体样式参见《民用机场飞行区技术标准》（MH5001—2021）。

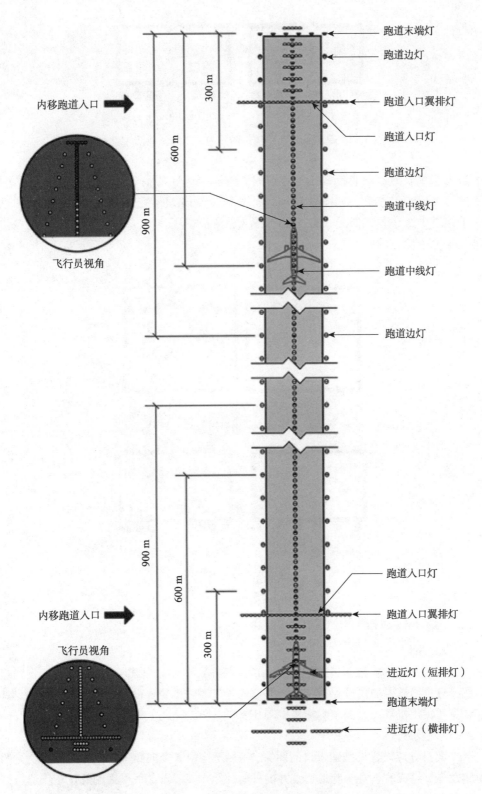

图 3.51 跑道入口内移的进近灯光和跑道灯光示例

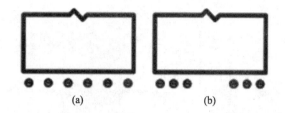

图 3.52　跑道入口在跑道端时跑道入口灯及跑道末端灯

当为非仪表跑道或非精密进近跑道时,跑道入口灯及跑道末端灯至少布置 6 盏灯,这 6 盏灯可以均匀布置,如图 3.52(a)、图 3.53(a)、图 3.54(a)所示,也可以两组对称于跑道中线布置,如图 3.52(b)、图 3.53(b)、图 3.54(b)所示,且两组缺口宽度等于接地带标志的间距。

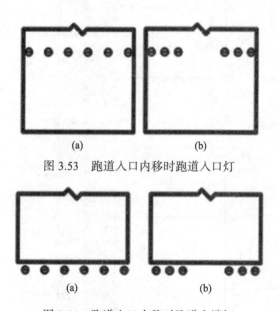

图 3.53　跑道入口内移时跑道入口灯

图 3.54　跑道入口内移时跑道末端灯

3. 跑道入口翼排灯

1) 设置条件

当非仪表跑道和非精密进近跑道因入口内移并且不设置跑道入口灯时,需要设置跑道入口翼排灯;当需要加强显示精密进近跑道的入口时,也需要设置跑道入口翼排灯,具体形式参见《民用机场飞行区技术标准》(MH5001—2021)。

2) 位置及形式

入口翼排灯应设置在跑道入口的两侧,每侧至少由 5 个向跑道进近方向发绿色光的单向恒定发光灯组成,垂直于跑道边线并向外延伸至少 10 米,最里面的灯位于跑道边灯线上,如图 3.55 所示。

4. 跑道中线灯

（1）设置条件：精密进近跑道及起飞跑道应设置跑道中线灯。

（2）位置：在跑道入口至末端之间以约 15 m 的间距沿跑道中线布置，为嵌入式灯具。

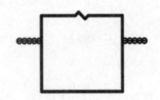

图 3.55　非仪表跑道及非精密进近跑道的跑道入口翼排灯

（3）颜色：从跑道入口至距离跑道末端 900 m 范围内应为白色；从距离跑道末端 900 m 处开始至距离跑道末端 300 m 的范围内应为红色与白色相间；从距离跑道末端 300 m 开始至跑道末端应为红色，如图 3.51 所示。若跑道长度不足 1800 m，则应改为自跑道中点起至距离跑道末端 300 m 处范围内为红色与白色相间。

5. 跑道接地带灯

（1）设置条件：Ⅱ类或Ⅲ类精密进近跑道的接地带上应设置接地带灯。

（2）位置及形式：接地带灯应由嵌入式单向恒定发白色光的短排灯组成，朝向进近方向发光。短排灯应成对地从跑道入口开始以 30 m 或 60 m 设置到距跑道入口 900 m 处。成对的短排灯应对称地位于跑道中线的两侧，横向间距应与接地带标志相同。接地带灯短排灯应至少由三个灯组成，灯的间距应不大于 1.5 m。短排灯的长度应不小于 3 m，也不大于 4.5 m，如图 3.56 所示。

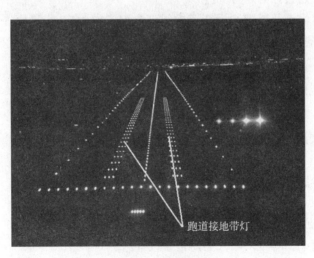

图 3.56　接地带灯

3.4.4　滑行道灯光

1. 滑行道边灯

（1）设置条件：准备在夜间使用的机坪、等待坪、除冰防冰坪和跑道掉头坪的边缘任何部分以及未设滑行道中线灯的滑行道和出口滑行道均应设滑行道边灯。

（2）尺寸：滑行道边灯的纵向间距应不大于 60 m；距滑行道和各类机坪边缘不超过 3 m。

（3）形式颜色：全向发蓝色光的轻型易折的立式灯具或嵌入式灯具，如图 3.57、图 3.58 所示。

2. 滑行道中线灯

1）设置条件

（1）当跑道视程小于 350 m 时，使用的出口滑行道、滑行道、除冰坪、机坪、作为滑行路线一部分的跑道上应该设置滑行道中线灯。

（2）当跑道视程大于等于 350 m 时，夜间使用的滑行道上、复杂的滑行道交叉处、出口滑行道上应该设置滑行道中线灯。

（3）当出口滑行道、滑行道、除冰坪、机坪以及作为标准滑行路线的一部分的跑道规定作为高级地面引导和控制系统（ASMGCS）的一部分时，无论何种能见度，均应设置滑行道中线灯。

2）颜色

一般情况下，滑行道中线灯应为绿色恒定灯。以下为两种特殊情况。

（1）出口滑行道上的滑行道中线灯，自靠近跑道中线的第一个滑行道中线灯为绿色恒定光，之后应为绿色与黄色交替出现，一直到 ILS 或 MLS 临界/敏感区的边界或内过渡面的底边，最靠近上述边界的灯为黄色。

（2）进入跑道的滑行道上的滑行道中线灯自 ILS 或 MLS 临界/敏感区的边界或内过渡面的底边至其靠近跑道中线的末端点，应为绿色与黄色恒定发光交替设置，如图 3.57 所示。

3. 跑道警戒灯

1）作用

向航空器驾驶员和在滑行道上驾驶车辆的司机即将进入一条运行中的前提做出警告。

2）类型

跑道警戒灯分为 A 型和 B 型。

3）适用条件

在跑道与滑行道（除单向运行出口滑行道）相交处，应设置 A 型或 B 型跑道警戒灯。如果跑道是如下情况，则应设置 A 型跑道警戒灯。

（1）跑道视程小于 550 m 且未安装停止排灯。

（2）跑道视程在 550 m～1200 m 之间且交通密度高。

4）形式

A 型跑道警戒灯应设置在滑行道两侧，为立式灯具，位于停止排灯（如设有）的外侧或距离滑行道边约 3 m 处（如未设立式停止排灯）；B 型跑道警戒灯应横贯滑行道全宽设置，间距为 3 m，为嵌入式灯具。二者距跑道中线距离 A 见《民用机场飞行区技术标准》（MH5001—2021）的要求，如图 3.59 所示。

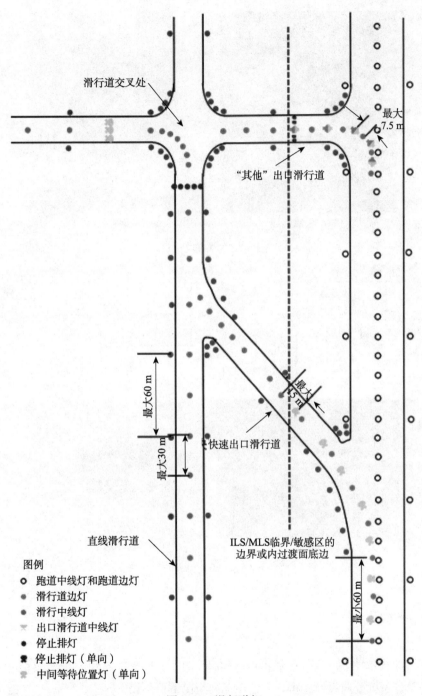

图 3.57 滑行道灯

5）颜色及闪光频率

A 型跑道警戒灯有两对，每对有两盏灯，两盏灯以每分钟 30~60 次的频率背离跑道方向交替发黄色闪光；B 型跑道警戒灯为背离跑道方向发黄色闪光，相邻的灯应以每分钟 30~60 次的频率交替闪光，隔开的灯应同时闪光，闪光的明暗时间应相同，彼此相反。

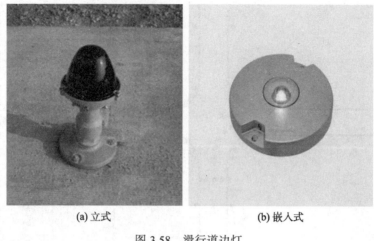

图 3.58　滑行道边灯

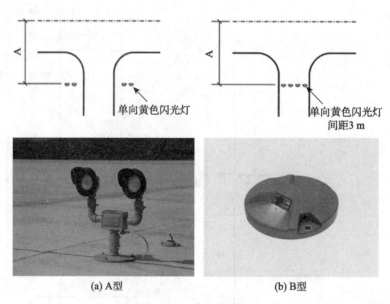

图 3.59　跑道警戒灯

4. 停止排灯

1）适用条件

当跑道视程小于 550 m 且跑道正在使用时，在跑道等待位置以及拟实行停止或放行控制的中间等待位置处应设停止排灯，但在下列情况下可不设。

（1）具备防止航空器和车辆偶然侵入跑道的适当助航设施和程序。

（2）在跑道视程低于 550 m 的情况下，具备限制同一时间内在运转区只有一架航空器和必不可少的最少车辆的运行程序。

在夜间和跑道视程大于 550 m 情况下使用的跑道，在跑道等待位置宜设置停止排灯作为防止跑道侵入的有效措施之一。

2）形式及颜色

停止排灯应设在滑行道上要求航空器停止、等待放行处，由若干盏朝向趋近航空器的发红色光的嵌入式灯组成，横贯滑行道，灯均匀分布，间距不大于 3 m，如图 3.60 所示。

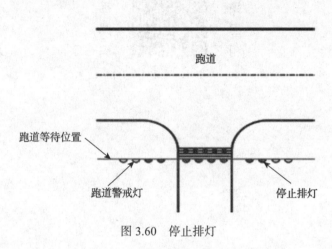

图 3.60　停止排灯

3.4.5　机坪泛光照明

（1）设置条件：准备在夜间使用的机坪应设置机坪泛光灯。

（2）要求：机坪泛光灯应能对所有机坪工作地区提供足够的照明，并应尽量降低朝向在飞行中的和地面上的航空器驾驶员、塔台和机坪管制员及停机坪上其他人员的眩光，如图 3.61 所示。

图 3.61　机坪泛光灯

即测即练

自学自测 扫描此码

第 4 章

机坪运行

通常航空器机坪运行是指对航空器在机坪上的作业保障、牵引、滑行、泊位引导、停放和维修等作业。机坪作业保障涉及很多的设备设施,作业保障的效率关系到航班的准点率。

4.1 航空器机坪作业保障

4.1.1 特种车辆作业保障布局

航空器机坪作业保障的车辆和设备类型多种多样,以特种车辆为主。机型不同,其地面保障设备在进行作业保障时的布局也是不一样的,下面以空客 A320 特种车辆为例,如图 4.1 所示。

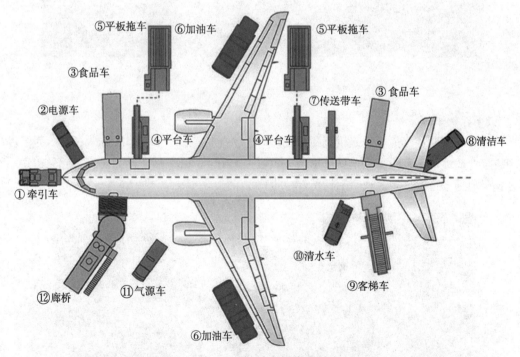

图 4.1 空客 A320 特种车辆作业保障布局图

4.1.2 特种车辆类型

按照特种车辆服务对象,将特种车辆分为旅客服务车辆、货物及行李服务车辆、飞机维护用车、地面勤务用车。一般情况下，为了安全起见，旅客服务与其他的地面勤务分开进行，旅客服务车辆在航空器左侧进行地面保障，货物及行李服务车辆、飞机维护用车和地面勤务用车在航空器右侧进行地面保障。

1. 旅客服务车辆

1）廊桥

廊桥是连接航站楼登机口与飞机舱门的封闭式通道，供近机位旅客在任何恶劣天气条件下进出机舱，如图 4.2（a）所示。廊桥操作员会按照飞机类型调整廊桥高度，使之与连接的飞机舱门相适应。由于廊桥前端的舱门位移感受探头太过敏感，所以为了避免人员受伤，廊桥桥头下禁止任何人通过。为了提高旅客登机效率，有些廊桥被设置为双桥头或多桥头，如图 4.2（b）所示。

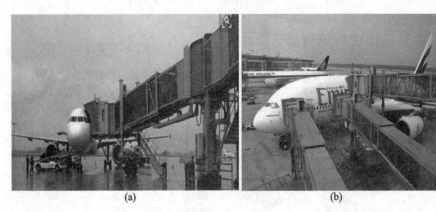

图 4.2　廊桥

2）客梯车

客梯车又称旅客舷梯，是供远机位的旅客上下飞机用的，如图 4.3（a）所示。为了提高旅客舒适性，还有的客梯车顶部加装了顶棚，如图 4.3（b）所示。为了安全起见，注意客梯车顶部平台不宜多人长时间逗留。

图 4.3　客梯车

3）摆渡车

摆渡车主要用于运送远机位旅客往返航站楼登机口与停机位以及连接卫星厅与航站主楼，如图 4.4 所示。与普通客车相比，摆渡车车身较宽、长度较长、重心较低，左右两侧均有车门。

图 4.4　摆渡车

4）无障碍升降车

为便于特殊人群（残疾人、腿脚不便的老人、病人等）登机而设置的，可以直接与飞机对接，车内安置了用于固定残疾人轮椅的设备，防止轮椅侧滑。无障碍升降车，如图 4.5 所示。

图 4.5　无障碍升降车

2. 货物及行李服务车辆

1）平板拖车

平板拖车用于机坪与行李处理站之间运送行李和货物。平板拖车高度较低，一般低于

0.5 m，一辆拖车后面可以衔接 4 辆大型平板车（长 3.4 m，宽 2.5 m）或 6 辆小型平板车（长 1.9 m，宽 1.8 m），如图 4.6 所示。

图 4.6　平板拖车

2）行李传送带车

行李传送带车是为飞机装卸行李、货物用的，一般用于装卸小件的行李、邮件等，可以提高装卸效率，节约人力，如图 4.7 所示。

图 4.7　行李传送带车

3）升降平台车

除了行李传送带车外，对于一些较大的集装箱或集装板需要借助升降平台车来完成装卸。升降平台车的作业平台上有滑动滚轮和控制装置，可以实现集装箱四个方向的自动移动，节约了人力资源，如图 4.8 所示。

图 4.8 升降平台车

3. 飞机维护用车

1）气源车

气源车可以提供低压大流量压缩空气并启动飞机发动机,当辅助动力装置(auxiliary power unit,APU)出现故障时,也可以给飞机进行辅助供气,如图 4.9 所示。

图 4.9 气源车

2）电源车

为飞机启动、照明和空调设施提供电力。虽然许多大中型客机上都装有 APU,可以为飞机独立供电,但是为了减少 APU 的耗油量,消除因发动机运行产生的噪声,地面可以采用电源车供电,如图 4.10 所示。

图 4.10　电源车

3）空调车

空调车主要用于航空器地面保障过程中为飞机机舱提供适宜温度的新鲜空气，如图 4.11 所示。

图 4.11　空调车

4）牵引车

飞机牵引车是一种在机场地面牵引飞机的保障设备，分为有杆式牵引车和抱夹式牵引车，如图 4.12 所示。牵引车主要有两个用途：一是牵引航空器出机位；二是应急救援时，牵引残损航空器离开事故发生地。

(a) 有杆式　　　　　　　　(b) 抱夹式

图 4.12　牵引车

有杆式牵引车是借助牵引杆连接飞机和牵引车。牵引杆属于机型专用设备，牵引不同的机型所采用的牵引杆也不同，但基本的组成是一致的，一般由杆身、轮胎支撑架、轮胎、牵引钩、牵引环等部分组成，如图4.13所示。

(a) A380机型牵引杆

(b) CRJ100/200/400/700/1000机型牵引杆

图4.13 牵引杆

5）除冰雪车

除冰雪车主要用在航空器起飞前清除机身、机翼上的冰雪，如图4.14所示。

图4.14 除冰雪车

4. 地面勤务车辆

1）加油车

加油车分为罐式加油车和管线加油车，如图4.15所示。罐式加油车内装有燃油，通过加油臂给飞机加油；管线加油车通过连接机坪上的加油栓与飞机的加油孔给飞机加油。

(a) 罐式

(b) 管线式

图 4.15　加油车

2）污水车

污水车用于抽取到港飞机上的废水、污水，如图 4.16 所示。

图 4.16　污水车

3）清水车

清水车为离港飞机供应清水，一般带有升降设备，如图 4.17 所示。

图 4.17　清水车

4）垃圾车

垃圾车装载航空器上产生的各种生活垃圾，运到指定点统一处置，如图4.18所示。

图4.18 垃圾车

5）食品车

食品车为离港飞机供应航空食品，一般带有升降设备，可以根据机型的不同调整升降高度，如图4.19所示。

图4.19 食品车

4.1.3 作业保障流程

由4.1.2节内容可知，特种车辆分为四个大类，即旅客服务车辆、货物及行李服务车辆、飞机维护用车、地面勤务用车，所以此处过站航班地面保障作业流程也分为四条线路，分别是旅客服务、货物及行李服务、飞机维护服务，以及地面勤务服务，如图4.20所示。

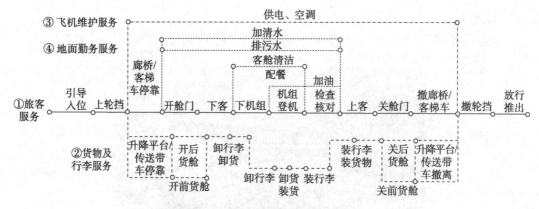

图 4.20 过站航班地面保障作业流程

4.2 航空器地面指挥

4.2.1 地面指挥人员

在指挥航空器进入停机位时，应设信号员（指挥员）和监护员。信号员应在信号指挥操作培训合格后，面向航空器，站在左座驾驶员能看到的明显位置，指挥航空器正确停放在机位安全区内规定的停机位置；监护员负责监视观察在机位滑行道和停机位上障碍物的变化，确定是否有足够的空间供航空器滑行，并告知信号员，如图 4.21 所示。

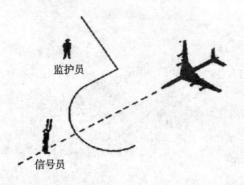

图 4.21 信号员与监护员

4.2.2 引导员指挥的规则

1. 指挥工具

航空器地面指挥工具为红色指挥棒或一面为黄色，一面为红黄格相间的圆形指挥板，一般白天使用圆形指挥板，夜间或照明情况不良的情况下使用红色的指挥棒，如图 4.22 所示。所使用的指挥工具应确保在引导航空器滑入机位时机组人员清晰可见。

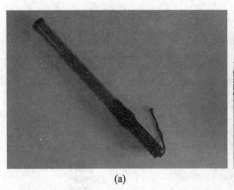

图 4.22　机坪指挥工具

2. 指挥信号及其意义

指挥信号分为信号员发送给航空器驾驶员的信号以及航空器驾驶员发送给信号员的信号。

1) 信号员发送给航空器驾驶员的信号

如图 4.21 所示,信号员面向航空器,双手持发光指挥棒,站在左座驾驶员能看到的明显位置,且必须确定在该区域内被引导的航空器周围无任何物体,保证航空器不会撞到。

航空器地面指挥的信号较多,具体见《航空器驾驶员指南——地面运行》(AC-91-FS-2014-23)。此处仅列举一些较常用的指挥信号,如图 4.23 所示。

(1) 指示登机门:两臂完全伸出,一直举至头部上方,指挥棒尖朝上,如图 4.23(a) 所示。

(2) 向下一信号员滑行或根据塔台/地面管制指令滑行:两臂指向上方,向身体外侧挥动并伸出手臂,用指挥棒指向下一信号员或滑行区的方向,如图 4.23(b) 所示。

(3) 向前直行:两臂伸开,肘部弯曲,从胸的高度向头部方向上下挥动指挥棒,如图 4.23(c) 所示。

(4) 向左转弯(从驾驶员角度看):伸开右臂和信号棒,与身体成 90°,左手作出向前进的信号。指挥棒挥动速度表示航空器转弯快慢,如图 4.23(d) 所示。

(5) 向右转弯(从驾驶员角度看):伸开左臂和信号棒,与身体成 90°,右手作出向前进的信号。指挥棒挥动速度表示航空器转弯快慢,如图 4.23(e) 所示。

(6) 正常停住:两臂和指挥棒完全伸开,与身体两侧各成 90°,慢慢挥动指挥棒,举至头部上方,直到指挥棒相互交叉,如图 4.23(f) 所示。

(7) 紧急停住:急速伸开两臂和指挥棒,举至头部上方,交叉挥动指挥棒,如图 4.23(g) 所示。

(8) 刹车:一手抬起略高于肩,手张开。确保与飞行机组人员目光接触,然后握拳。在收到飞行机组人员向上竖起大拇指表示确认之前,不许动。如图 4.23(h) 所示。

(9) 松刹车:一手握拳抬起略高于肩。确保与飞行机组人员目光接触,然后手张开。在收到飞行机组人员向上竖起大拇指表示确认之前,不许动。如图 4.23(i) 所示。

（10）放轮挡：两臂和指挥棒完全伸出，举至头部上方，向内"戳"动指挥棒，直至两棒相碰。确保收到飞行机组人员的确认。如图 4.23（j）所示。

（11）取轮挡：两臂和指挥棒完全伸出，举至头部上方，向外"戳"动指挥棒。未经飞行机组人员批准，不得取出轮挡。如图 4.23（k）所示。

图 4.23　航空器地面指挥信号

2）航空器驾驶员发送给信号员的联络信号

航空器驾驶员发给信号员的联络信号，应使信号员可清楚地看到驾驶员双手，为便于信号员观看，必要时，驾驶员可手持照明装置。

（1）刹车：举起手臂，手指在面前水平伸直，然后握掌，如图4.24（a）所示。

（2）松刹车：举臂，手握拳放在面前，然后伸开手指，如图4.24（b）所示。

（3）放轮挡：两臂伸出，手心向外，由外向内移动双手在面前交叉，如图4.24（c）所示。

（4）取轮挡：双手在面前交叉，手心向外，由内向外移动手臂，如图4.24（d）所示。

（5）准备开车：伸出一只手的适当数目的手指，手指数目表示第几台发动机要开车。注意，航空器发动机的编号是从面向航空器的信号员的右边向左数起，如图4.24（e）所示。

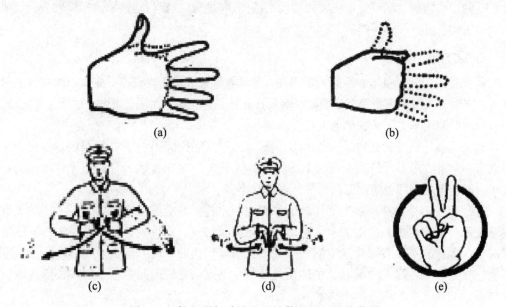

图 4.24　航空器驾驶员发送给信号员的联络信号

4.3　地面牵引航空器

一方面，由于目前的民航客机一般不能实现"倒车"功能，对于出港航班，当航空器需要离开机位时，就需要借助牵引车，实现航空器的推出。

4.3.1　人员和设备要求

1. 牵引车驾驶员

1）证件要求

牵引车驾驶员应同时持有以下三个证件：国家公安交通管理部门颁发的准许驾驶大型货车及以上车型的机动车辆驾驶证；该机场民航公安交通管理部门颁发的"中国民用机场

航空器活动区机动车驾驶证"；牵引车上岗证。

2）申领条件

申请民用机场航空器活动区机动车驾驶证的人员应当具备下列条件。

（1）持有相应准驾车型的中华人民共和国机动车驾驶证。

（2）参加所在单位组织的培训。

（3）通过机场管理机构组织的考试。

3）证件管理

民用机场航空器活动区机动车驾驶证的有效期为四年。在有效期满前持有人须到机场管理机构办理换证手续，未办理手续的予以注销。

对于已取得民用机场航空器活动区机动车驾驶证的驾驶员，如果调离航空器活动区机动车驾驶工作岗位，原单位负责收回驾驶员的民用机场航空器活动区机动车驾驶证，交机场管理机构，办理注销手续。

2. 指挥员、监护员

指挥员由跟随牵引车的维修人员担任，应具有维修人员上岗资格；在牵引航空器的过程中，应随时观察周围是否有障碍物、牵引杆连接是否正常；在遇有紧急（危险）情况时，应及时通知牵引车驾驶员和机上人员使用刹车。

机上人员应熟悉航空器设备的使用方法，在正常牵引过程中应按指挥员的口令松刹车或刹车；除非在紧急（危险）情况下（如牵引杆断开），不应擅自使用刹车停住航空器；在牵引航空器的过程中应始终与指挥员保持联络。

在停机坪、维修坪等航空器停放区域牵引航空器时，应配备有监护人员。监护人员的数量和位置应根据航空器的牵引路线、区域复杂情况、能见度、航空器停放密度等情况决定。监护人员负责观察航空器的有关部位与障碍物的距离，保证航空器安全通过障碍物。在紧急（危险）情况时，可使用有效的联络方法立即通知牵引车驾驶员停止牵引航空器。

3. 设备要求

1）牵引车分类

牵引车按照牵引方式的不同，可分为有杆式牵引车和无杆式牵引车，见图4.12。

2）牵引车其他要求

牵引车应处于良好的工作状态，刹车性能良好；车上应配置处于使用状态的对讲机和其他联络设备；牵引车应有机场车辆通行证；牵引车和牵引杆应符合所牵引航空器的要求；牵引车应定期检修、保养牵引设备，并保存维修记录。

4.3.2 牵引航空器的准备工作

1. 维修人员准备工作

在牵引航空器前，维修人员应：①检查并确保航空器两侧对应油箱的油量是否平衡；②检查并确保航空器刹车压力在正常范围内；③检查并确保航空器机轮压力和减震支柱压缩量正常；④安装起落架地面安全销，并根据要求安装前起落架转弯销，或脱开防扭臂或尾轮锁；⑤关好登机门、货舱门和各种检查门；⑥检查并确保航空器上的设备和可能发生移动的物品放置稳妥；⑦打开航空器驾驶舱侧窗，接通航空器内话系统和对讲系统，并验证确保参加牵引航空器的有关人员使用的通信联络设备相互间畅通无阻，且通话清晰；⑧检查并确保适用该机型的牵引杆的部件正常，将牵引杆连接到航空器上；⑨检查并确保航空器周围无影响牵引的障碍物。

2. 牵引车驾驶员准备工作

在使用有杆牵引车牵引航空器前，牵引车驾驶员应该：①检查牵引车，确保其符合牵引车的要求；②了解牵引路线、停机位、牵引的特殊要求和注意事项；③在牵引车接近航空器前，应在距航空器约 20 m 处点试刹车，确认车辆制动性能良好后，方可接近航空器。牵引车接近航空器时，不应熄火滑行；④挂牵引杆前，应确认航空器周围无任何障碍物，并在维修人员的指挥下，牵引车以低速挡接近牵引杆，避免发生碰撞。

在使用抱夹式牵引车牵引航空器前，牵引车司机除了完成上述四项准备工作，还应该：①确认推（拖）航空器型号符合牵引车说明书中规定的使用范围；②确认航空器周围无障碍物，并在维修人员的指挥下驾驶牵引车低速靠近航空器；③牵引车靠近航空器作业前，应将牵引车托架放下、打开，并在驾驶室指示灯亮后，再操作车辆靠近航空器前轮，确保牵引车与机身在一条直线上，航空器前轮位置应在托架中间；④根据指挥员的指令，将牵引车托架门关上，并将航空器前轮抱紧升起，待驾驶室指示灯亮后等待推（拖）指令。

3. 联络准备

①维修人员与牵引车驾驶员应使用对讲机或其他有效方法进行联络；②指挥员与机上人员之间应使用航空器内话系统或其他有效方法进行联络；③牵引过程中，必要时，牵引车驾驶员或机上人员应随时与塔台保持有效的联络；④联络中断时，应停止牵引航空器，直至恢复联络为止。

4.3.3 牵引航空器过程

（1）维修人员将牵引杆与航空器连接好，再指挥牵引车驾驶员将牵引车与牵引杆连接好。

（2）指挥员戴好耳机，在确认牵引车与航空器连接好后撤出轮挡，并发出航空器松刹车的指令。

（3）指挥员发出开始牵引航空器的指令。

（4）开始牵引航空器时，牵引车应缓慢起步，如果机轮没有转动，不应转弯。

（5）牵引车在行驶过程中应按标志线行驶，直线行驶速度一般不应超过 10 km/h，转弯速度不应超过 3km/h；牵引中的航空器应与停放的航空器或移动中的障碍物保持一定的净距。此外，牵引航空器时，应打开牵引车顶部的黄色警示灯，夜间还应打开照明灯、近光灯、示宽灯和尾灯，雾天还应打开雾灯；牵引车刹车时，动作应柔和。

（6）牵引航空器进入停机位置时，当牵引车前保险杠或最前端到达第一条航空器前轮停机线前,牵引车驾驶员应注意指挥员是否到位。当没有指挥员时,牵引车不应再向前牵引航空器。

(7)牵引航空器进入停机位置后,指挥员应指挥牵引车驾驶员停车,并挡好轮挡,将牵引车与牵引杆的连接端脱开,并指挥牵引车驾驶员驾驶牵引车慢速驶离航空器1 m以外。

(8)完成航空器牵引后,维修人员应将牵引杆从航空器上取下,并将其挂到牵引车上。牵引杆由牵引车带回并摆放在规定的位置。

4.4 航空器泊位引导

航空器泊位引导是对于进港航班而言的,为了安全、准确地将航空器引导并停放在正确的机位,国内目前采用的主要泊位引导方式有三种:①航空器自滑至机位滑行线,然后由机位引导员运用标准手势引导航空器泊位;②航空器由引导车引导至机位滑行线,然后再由机位引导员运用标准手势引导航空器泊位;③航空器自滑至机位滑行线,然后由机组人员运用目视泊位引导系统的指示信号将航空器停靠泊位。除了以上三种泊位引导外,现在国内一些大型机场安装有 A-SMGCS 系统引导航空器由脱离跑道滑行至停机位。

4.4.1 人工引导

人工引导的方式是指航空器自滑或者借助引导车引导至机位滑行线,然后由机位引导员运用《航空器驾驶员指南—地面运行》(AC-91-FS-2014-23)中规定的标准手势指挥飞机泊位。

4.4.2 引导车引导

当航空器驾驶员对机场不熟悉或者机场面积较大时,为了有效防止出现运行冲突,保障飞机地面运行的安全,需要借助引导车的引导滑行至指定的机位滑行线,然后再由机位引导员运用标准手势引导飞机泊位。

1. 引导车人员

使用引导车对飞机进行引导时,必须包括引导员和引导车驾驶员。其中,引导员必须是经过相关培训的勤务人员;引导车驾驶人员必须是取得 B 照并经过相关培训的驾驶员。

在飞机落地前,引导车驾驶员和引导员必须提前到达飞机进入机坪滑行线道口前位置,引导员负责观察引导过程中是否有障碍物。

2. 航空器引导车

航空器引导车属于飞行区内可移动障碍物,一般为黄色,顶部装有黄色低光强障碍灯,后风挡上或前面贴有明显的反光标志字样或者荧光灯屏显示的 Follow Me。车内装有车载电台,驾驶员可以随时监听航班运行情况,在管制员指定的机坪入口处等待进港航班。飞机落地后,只要跟着相应的引导车就可以安全滑到停机位,如图 4.25 所示。

图 4.25　航空器引导车

在引导飞机滑行过程中，在滑行道及机坪滑行线引导车的速度不得超过 25km/h，在机位滑行线引导车的速度不得超过 10km/h，当引导员发现车速异常时可及时提醒或制止。在引导飞机过程中，如有特殊情况需要避让，由引导员负责根据机场实际情况决定避让方式。

在引导飞机进入机位滑行线后至少 5 m 处，引导车方可撤离。

4.4.3　目视停靠引导系统引导

目视停靠引导系统（visual docking guidance system，VDGS）设置在停机坪的闸口上，用于提供航空器停放位置信息，并引导驾驶员将航空器停放在指定位置。在飞机进入机位过程中，任何人员、车辆不得从飞机和接机人员之间穿行，不得影响目视泊位引导系统的正常使用。

1. 传统目视停靠引导系统

传统的目视停靠引导系统只能探测并显示简单位置信息，如方位和停止信息。

方位引导设备位于或靠近航空器前的停机位中线延长线上并对准方向，使其信号在整个停靠操作过程中都能从驾驶舱内看到，以左座驾驶员为准。通过颜色变化来体现方位引导时，绿色代表对准中线、红色代表偏离中线。

停止位置引导是借助颜色来实现的，红色表示已经到达停止点、绿色表示航空器可以继续前进、黄色表示告知驾驶员已经接近停止点，注意减速。

2. 新一代目视停靠引导系统

新一代的目视停靠引导系统（advanced visual docking guidance system，A-VDGS）除了提供基本和被动方位及停机等待位置信息外，还包括向驾驶员提供主动式引导信息，如航空器机型指示剩余距离和接近速度。

目前我国有一些大型机场已经安装和启用了新一代目视停靠引导系统，但是机场不同，采用的目视停靠引导系统的形式也不尽相同。下面就以一种 A-VDGS 为例进行分析，如图 4.26（a）所示。

当停机位准备就绪时，A-VDGS 可以引导航空器滑行进入，显示屏上显示正确的航空器机型，此时绿色滑行引导线灯亮，如图 4.26（b）所示。

航空器沿滑行引导线滑行。绿色滑行引导线灯和红色航空器方位灯提供方位引导。当绿色滑行引导线灯和红色航空器方位灯同时亮时，表示航空器不在正确的滑行线上，左（右）侧红色航空器方位灯亮表示航空器偏向左（右）侧；当只有绿色滑行引导线灯亮时，才表示航空器在正确的滑行线上，如图 4.26（c）所示。当航空器滑行至距停止线 10 m 时，绿色通行灯灭，黄色警告灯亮，同时机型显示位置将变为航空器距停止线递减距离 10 m、3 m、1 m 显示，如图 4.26（d）所示。

当红色停止灯亮时，显示屏显示 STOP，表示航空器已滑行至停止位置，如图 4.26（e）所示。需要注意的是，在使用该系统进行停靠的过程中，当红色停止灯亮时，显示屏显示 STOP 或显示灯熄灭整个显示器无任何显示时，驾驶员应立即停止滑行，由牵引车牵引或地面人员引导慢速进入停机位。

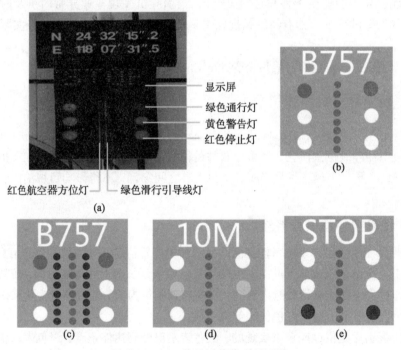

图 4.27 新一代目视停靠引导系统

4.4.4 A-SMGCS 系统

A-SMGCS 全称为 advanced surface movement guidance and control system，即机场高级场面活动引导控制系统，是近年来国际上提出的一种用于解决机场安全、效率和容量问题的机场场面活动引导和控制的新概念。A-SMGCS 能够在全天候、高密度航班流量和复杂机场环境条件下，实现对机场场面运动的飞机和车辆进行实时监控和引导，从而有效避免场面活动目标冲突的发生，显著增强机场安全保障能力。

A-SMGCS 具有监视、告警、路由规划、灯光引导等功能。根据功能不同又具体将其划分为Ⅰ-Ⅴ共五个等级，分别是Ⅰ级—监视、Ⅱ级—告警、Ⅲ级—自动路径选择、Ⅳ级—自动引导、Ⅴ级—装有机（车）载设备。

Ⅰ级—监视是指管制员目视监测航空器和车辆位置，人工指定运动路径，目视观察冲突预测，没有场监雷达，没有助航灯光；Ⅱ级—告警是指管制员通过场监雷达屏幕观察位置，人工指定运动路径，目视观察冲突预测，地面引导采用油漆中心线、滑行引导牌和恒定的中线灯；Ⅲ级—自动路径选择是指由场监雷达系统自动观察位置，系统自动给出路径，系统与管制员观察共同预测冲突，地面引导采用油漆中心线、滑行引导牌和单灯控制的中线灯，但中线灯由空管人员人工开关；Ⅳ级—自动引导是指在Ⅲ级的基础上，中线灯完全由系统自动控制，实现自动的滑行引导；Ⅴ级—装有机（车）载设备通常适用于最低能见度条件下（RVR 等于或小于 75 m 的能见度），此时系统在Ⅳ级的基础上，要求在飞机和车辆上装载相关设备。

按照民航总局的要求，我国多跑道大型繁忙枢纽机场，在新建或改扩建时，建议滑行引道灯、停止牌灯、跑道状态灯都按照 A-SMGCS 的Ⅳ级运行要求配置。目前国内已经有多个机场建设使用了 A-SMGCS 系统，2008 年，北京首都国际机场安装了国内第一套 A-SMGCS 系统。

4.5 机坪管制

4.5.1 空中交通管制

空中交通管理（air traffic management，ATM）的目的是有效地维护和促进空中交通安全，维护空中交通秩序，保障空中交通顺畅。中国民用航空局负责统一管理全国民用航空空中交通管理工作，中国民用航空地区管理局负责监督管理本辖区民用航空空中交通管理工作。

1. 空中交通管理的组成

按照管理的内容不同，空中交通管理包括空中交通服务（air traffic service，ATS）、空中交通流量管理（air traffic flow management，ATFM）和空域管理（air space management，ASM）。其中，空中交通服务是空中交通管理的重要内容，是指空中交通管制单位为飞行中的民用航空器提供的服务，具体包括空中交通管制服务（air traffic control service，ATCS）、飞行情报服务（flight information service，FIS）和告警服务（alerting service，AS）。它们之间的具体关系如图 4.27 所示。

2. 空中交通管制服务单位及职责

空中交通管制单位是提供空中交通服务的，因此，为了对管制区、管制地带和机场范围内的航空器提供空中交通管制服务、飞行情报服务和告警服务，应当设立管制单位。提

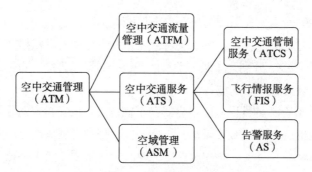

图 4.27 空中交通管理组成部分关系

供空中交通管制服务的管制单位包括以下 3 部分。

（1）区域管制单位。区域管制单位提供区域管制服务，负责向本管制区内受管制的航空器提供空中交通服务，负责管制并向有关单位通报飞行申请和动态。

（2）进近管制单位。进近管制单位提供进近管制服务，负责一个或者数个机场的航空器进、离场及其空域范围内其他飞行的空中交通服务。

（3）机场（塔台）管制单位。塔台管制单位提供机场管制服务，负责对本塔台管辖范围内航空器的推出、开车、滑行、起飞、着陆和与其有关的机动飞行的空中交通服务。

3. 机场（塔台）管制单位的席位及职责

为了适应交通量的增长和提高空中交通服务效率，管制单位可以设置多个工作席位，机场（塔台）管制单位工作席位分为以下几种。

（1）机场管制席：塔台管制单位应该设置机场管制席。该席位负责为机场管制地带内活动的航空器提供空中交通管制服务，如航空器的起飞和着陆阶段都是由机场管制席负责。

（2）地面管制席：年起降架次超过 4 万架次或者实施仪表着陆系统 Ⅱ 类运行的机场，应当在其管制塔台增设地面管制席。在机坪管制移交机场前，该席位负责对除跑道外的机场机动区内活动的航空器、车辆、人员实施管制，如航空器的推出、开车、滑行等由地面管制席负责。

（3）放行许可发布席：年起降架次超过 10 万架次的机场，应当在其管制塔台增设放行许可发布席。该席位负责向起飞前准备阶段的离场航空器发布放行许可。

（4）主任席：塔台管制单位应当设置主任席。该席位负责塔台管制单位现场运行工作的组织管理和监督，以及与其他单位的总体协调。

（5）通报协调席：负责向有关单位通报飞行动态信息和计划，并进行必要的协调。

（6）军方协调席：负责本管制单位与飞行管制部门之间的协调。塔台管制单位可以根据实际情况设置通报协调席和军方协调席。

由于航空器不同飞行阶段的任务不同，所以对其进行管制服务的管制单位及其职责也不同，如图 4.28 所示。

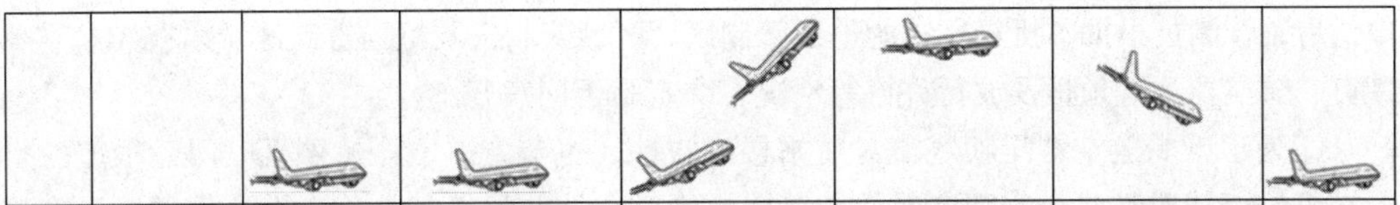

飞行阶段	飞行前准备阶段	起飞前准备阶段	滑行起飞阶段	离场爬升阶段	航路飞行阶段	进场下降阶段	着陆阶段
管制单位	空中交通服务报告室	塔台放行许可发布席	滑行阶段：塔台地面管制席；起飞阶段：塔台机场管制席	进近管制单位	区域管制单位	进近管制单位	塔台机场管制席
职责	受理飞行计划，处理电报	发布放行许可	地面管制席：批准推出开车；发出滑行许可；移交给塔台机场管制席；机场管制席：确定起飞许可	引导航空器沿标准离场航路离场；飞行冲突调配；与区域管制移交协调；配备间隔	配备程序/雷达间隔；飞行冲突调配；飞行情报、告警服务；与进近管制移交协调	引导航空器沿标准进场航路进场；飞行冲突调配；与塔台管制移交协调；配备间隔	发送落地许可、条件

图 4.28 航空器各飞行阶段对应的管制单位及职责

4.5.2 地面管制的工作程序

地面管制是机场管制的一个重要组成部分，主要负责对航空器的推出、开车、滑行进行管制，同时负责航空器地面活动区内运行车辆和人员的管制。地面管制主要是由机场（塔台）管制单位中的地面管制席位负责。

1. 航空器管制的一般程序

（1）管制员做好准备工作。在航空器预计起飞或者着陆前 1h，管制员应该了解天气情况、校正高度表、校对时钟、检查风向风速仪等，目的是当驾驶员请求时，可以将最新、最准确的情报告知航空器驾驶员。

（2）在航空器预计起飞或着陆前 20 min 开机守听，填写飞行进程单。

（3）了解进、离场航空器的停机位置。

（4）向进近管制室或区域管制室索取有关航空器的离场程序。

（5）通知机长放行许可、起飞条件和离场程序。

①地面管制员根据飞行计划、机场航路情况以及情报信息对离场航空器发布放行许可。放行许可内容包括航空器呼号、管制许可的临界点、批准的离场程序、飞行航路（航线）、飞行高度/高度层、应答机编码等。

②为便于航空器起飞、离场，地面管制员应适时发布起飞条件，包括：起飞要使用的跑道、风向、风速、云高和能见度、标准时间、地面滑行路线等。

③离场程序可以在向航空器发布放行许可时，作为放行许可的一部分向航空器发布，也可以在航空器起飞前的某一时刻由地面管制员或塔台管制员向航空器单独发布。

（6）机长请求开车、推出、滑行程序

①航空器驾驶员请求开车时，应同时向管制员提供其停机位；在收到驾驶员请求开车

申请后,管制员根据本机场所在的进近管制区、区域管制区及机场管制区域内有无航空器冲突、航空器飞行预报及放行许可等情况,决定是否同意开车。

②为了减少航空器尾喷气流对航站楼的吹蚀,也节省航空器的停机时间,很多航空器在机位停放时都是机头朝向航站楼,因此当航空器开始滑行之前,需要借助牵引车将其推出。

③当航空器推出并开车后,请求滑行,地面管制员应通知其滑行许可。滑行许可包括许可界限,即航空器滑行至哪一点必须停止以等待进一步运行许可。对于离场航空器,滑行许可界限一般是起飞使用跑道外的等待点。

(7)离场航空器滑行时,管制员应该密切关注航空器的位置和滑行动向;当航空器即将到达跑道外等待点时,通知机长转换频率并联络塔台管制室,并将飞行进程单交给塔台管制员,完成管制移交,航空器的后续管制工作由塔台管制室负责。

管制移交是指航空器由某一管制区进入相邻管制区之前,管制室之间应当进行管制移交。管制移交工作主要包括两部分。一是管制室之间对拟将移交的航空器的接收条件进行协调,协调内容包括航空器呼号、飞行高度、移交点以及预计飞越该点的时间。管制协调一般在航空器飞越交接点前的一定时间进行,区域管制室之间不迟于 10 min,区域管制室与进近管制室之间不迟于 5 min,进近管制室与机场管制塔台之间不迟于 3 min,机场管制塔台与地面管制室之间一般情况下不需要进行移交前的协调工作。二是管制责任移交,即通信移交,在管制协调完成后,移交方管制员应按照双方最终达成的移交条件调整即将进入接收方管制区的航空器的飞行状态和动态,并指挥航空器将频率改向接收方管制室,在驾驶员准确复述通信频率以后,如果没有收到进一步的通信联络,表明通信移交完成。

(8)当航空器已经着陆并且与地面管制员取得联络,由地面管制员通知驾驶员具体的滑行路径,到航空器滑行至停放位置或由地面人员开始引导后,与航空器脱离联络。

2. 对机动区内人员和车辆的管制

(1)所有车辆和人员在航空器地面活动区内活动时,必须经过机场塔台的允许。航空器地面活动区内车辆和人员的工作由机场管制塔台(机场管制席或地面管制席,根据车辆或人员在航空器地面活动区的具体位置而定)负责。因此,车辆和人员在进入航空器地面活动区时需要得到机场管制塔台的许可,在航空器地面活动区的一切活动必须按照机场管制塔台指定的路线行驶,在离开航空器地面活动区也需要向机场管制塔台进行报告并按照机场管制塔台指定路线离开。

(2)一般情况下,在航空器地面活动区内的车辆和人员应与机场管制塔台保持双向无线电通信。车辆和人员应携带无线电通信设备,时刻保持与机场管制塔台的联络,以便实时得到机场管制塔台的许可。

当出现以下情况时,机场管制塔台与车辆和人员之间不需要无线电通信联络:当认为用目视信号系统进行联络已经足够;车辆在航空器地面活动区内只是偶尔使用,且由带有必备通信功能的车辆伴随或按照机场管制塔台预先制订的计划使用;施工维修人员按照与机场管制塔台事先制订的计划作业。

(3)当跑道上有航空器起降时,机场管制员应指挥即将进入该跑道的车辆在跑道外规定的等待位置等待。

3. 地面管制程序举例

1）背景

（1）机场平面图：虚拟的北京首都机场平面图。

（2）管制单位：北京地面。

（3）航空器呼号：南方303。

（4）放行许可。

许可界限：广州白云机场飞行航路；

飞行航路：与申报飞行计划中航路一致；

飞行高度：飞行高度层9600 m；

二次雷达应答机编码：3121。

（5）起飞条件：使用跑道02L，地面风230°，10m/s，能见度1200 m，修正海压1009 hPa。

（6）滑行路线：沿滑行道K至02L跑道外等待点。

（7）航空器停机位：A5。

（8）离场程序：起飞后保持跑道方向上升至修正海压高度900m保持，联系进近119.6。

2）管制过程

P(pilot)：北京地面，南方303，目的地广州，还有10 min开车，请求放行许可（Beijing ground, CSN303, 10 minutes before start up, destination Chengdu, request ATC clearance）。

C(controller)：南方303可以经由计划航路飞往广州，飞行高度层9600m，应答机编码3121。起飞后保持跑道方向上升至修正海压高度900m保持，联系进近119.6（CSN303 is cleaved to Guangzhou via flight planned route , cruising level 9600 meters, squawk 3121.After departure maintain runway heading, climb and maintain 900 meters on QNH, contact Beijing approach 119.1）。

P：驾驶员复述，略。

C：完全正确（或者纠正驾驶员复述中的错误）（That's correct）。

P：北京地面，南方303，请求起飞条件（Beijing ground, CSN303, request departure information）。

C：南方303，起飞使用跑道02L，地面风230°，10m/s，能见度1200m，修正海压1009 hPa（CSN303, departure runway 02 left, wind 230 degrees 10 meters per second, visibility 1200 meters, QNH 1009）。

P：跑道02L，修正海压1019，南方303（Runway 02 left, QNH 1009, CSN303）。

P：北京地面，南方303，停机位A5，请求推出开车（Beijing ground, CSN303, stand A5, request push back and stand up）。

C：南方303，可以推出开车（CSN303, push back and start up approved）。

P：北京地面，南方303，请求滑出（Beijing ground, CSN303, request taxi）。

C：南方303，可以滑出，经滑行道K至02L跑道外等待点（CSN303, taxi via taxiway K to holding point runway 02 left）。

P：滑行道 K，跑道 02L，南方 303（Taxiway K，runway 02 left，CSN303）。

P：北京地面，南方 303，接近 02L 跑道外等待点（Beijing ground，CSN303，approaching holding point runway 02 left）。

C：南方 303，联系塔台 130.0（CSN303，contract tower 130.0）。

P：塔台 130.0，南方 303（Tower 130.0，CSN303）。

4.5.3 我国机坪管制移交机场的发展

在我国，长期以来，针对机坪范围内的航空器的推出、开车、滑行等指挥，98%是由塔台管制单位的地面管制席执行的，而机坪作业保障中的人员、车辆的管理又由机场运行指挥中心负责，这就造成机坪内的人员、车辆、设施设备等拥挤，各单位之间协调困难，机坪运行风险大、效率低。为了使机场在航空器地面运行中充分发挥自主权，减少空管部门的工作量，民航局在 2013 年 8 月 22 日正式发布了《关于推进航空器机坪运行管理移交机场管理机构工作的通知》。

1. 机坪管制移交机场的发展历程

2006 年 8 月 27 日，南航一架 B777 飞机与东航一架 A320 飞机在北京首都国际机场机坪相撞，事故导致东航 A320 飞机垂直尾翼和南航 B777 飞机右大翼严重受损。事故的原因主要有三点：一是地面机务人员未及时停止飞机推出；二是机组未及时停止飞机滑行；三是管制员未能及时通报信息以避免碰撞。此次事故之后，民航局提出考虑将繁忙机场的机坪管制移交机场。

2011 年 9 月，民航局委托华东地区管理局对北京首都国际机场、上海浦东国际机场、杭州萧山国际机场、厦门高崎国际机场、南京禄口国际机场、福州长乐国际机场开展机坪运行管理方式调研，最终形成了《空管塔台不可视机坪运行管理方式调研报告》。

2013 年 8 月 22 日，民航局正式发布《关于推进航空器机坪运行管理移交机场管理机构工作的通知》。

2017 年 10 月 11 日，民航局在杭州召开机坪管制移交工作现场会，并发布了关于征求对《航空器机坪管制移交工作总体方案》等文件意见的通知。

相对于国外，我国机坪管制移交机场起步较晚，经验较少。2015 年 5 月 13 日，杭州萧山机场机坪塔台正式投入运行，这标志着杭州萧山机场成为了全国首家实现机坪管制责任移交的机场。据不完全统计，截至 2020 年 1 月，我国已经有北京首都机场、杭州萧山机场等 26 个千万级机场全部或部分完成机坪管制移交工作，还有上海浦东、虹桥、长春龙嘉、银川、南昌、温州、珠海、合肥等机场正在推进移交工作。

2. 机坪管制移交机场前、后岗位设置对比

在机坪管制移交机场前，空管塔台管制单位设有地面管制席，该席位负责对除跑道外的机场航空器活动区内活动的航空器、车辆、人员实施管制，如航空器的推出、开车、滑行等。

2013 年民航局正式发布 75 号文《关于推进航空器机坪运行管理移交机场管理机构工作的通知》，附件 2 中规定机坪管制工作由在机场塔台工作的机坪运行指挥员承担，具体的职责如下。

（1）当航空器在机坪范围内活动时，应负责指挥其开车、滑行、牵引等活动。

（2）对机坪内航空器、人员、车辆的动态信息进行掌握与观察，若发现任何事物存在发生危险的可能性，应采用合适的方式方法对其进行及时的管理与处置。

（3）负责与机场塔台确认航空器的放行许可或限制，并负责航空器的机坪管制移交工作。

（4）机坪运行指挥员应负责与空管、航空公司，以及各驻场单位间的沟通协调，保证各信息的及时传达与接收，确保机场的顺畅运行。

（5）应根据机坪运行情况，及时与相关服务保障单位沟通，发布机坪运行动态指令。

（6）当机坪发生突发事件时，应充分发挥自身的优势，参与应急救援工作，组织实施救援。

（7）对机坪内不正常情况，应及时上报，避免不必要事件的发生或降低事件的影响后果。

4.5.4 机坪管制移交的范围和责任

1. 机坪管制移交点的划设原则

管制移交点是机坪塔台与空管塔台在管制责任范围之间的分界点，同时也是一个机场飞行区管制责任清晰的一个重要表现。为了确保管制移交的高效、顺畅，管制移交点在划设时，应遵循以下原则。

（1）优先以航空器运行冲突多发点为管制移交点，并尽量减少新的危险源。

（2）尽量不改变航空器推出、滑行的路径。

（3）应考虑滑行道、跑道的最大等待架次限制。

（4）应符合机场管理机构与机场空中交通管制单位之间的合作协议。

2. 机坪移交范围

机坪移交范围的划设需要考虑航空器的双向运行，即航空器进港和离港。进港航空器的移交范围是从跑道脱离滑行至停机坪，其地面管制流程如图 4.29（a）所示；离港航空器的移交范围是从机坪滑行至跑道端，其地面管制流程如图 4.29（b）所示。

3. 移交点及其范围内的责任划分

航空器在由 A 管制区移交给 B 管制区时，各管制区与移交点之间位置关系和移交流程如图 4.30 所示。

由图 4.30 可知，管制移交点分为三种类型，分别是前置移交点、通信移交点、责任移交点。

（1）前置移交点是指空管塔台的地面管制席位在将航空器移交给机坪塔台管制之前的一段时间内，空管塔台的地面管制席要和机坪塔台管席制进行协调的点。两者协调的内容

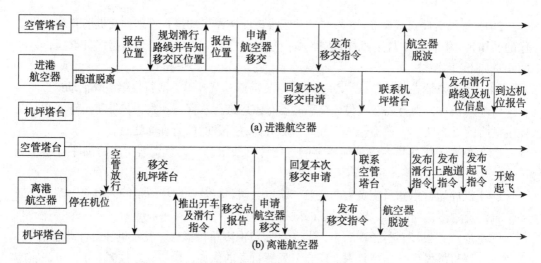

图 4.29 航空器地面管制流程

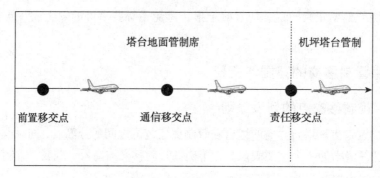

图 4.30 机坪管制移交示意图

包括航空器呼号、移交的位置、预计经过移交点的时间、航空器应答机编码、离港航空器将要使用的跑道或者进港航空器将要使用的停机位。

（2）通信移交点位于前置移交点之后，由空管塔台的地面管制席位指示航空器转换甚高频频率（VHF），航空器在完成频率转换后，主动联系机坪塔台管制员进行通信联络。

（3）责任移交点是完成责任移交的地点或时间的标志，即航空器通过责任移交点后，管制责任即由空管塔台移交给机坪塔台。

在责任移交点之前，航空器由空管塔台的地面管制席位负责。在通过通信移交点之后，虽然航空器已经与机坪塔台取得了通信联络，但是仍然处于空管塔台的管制责任范围内。

即测即练

第 5 章

机坪运行管理

5.1 机坪检查及机位管理

机场管理机构负责机坪的统一管理，建立机坪运行的检查制度，并指派相应的部门和人员对机坪运行实施全天动态检查。停机位是机坪内重要的飞机停放场地，因此停机位的检查与管理尤为重要。机场管理机构应当合理调配机位，最大限度地利用廊桥和机位资源，方便旅客，方便地勤保障，尽可能减少因机位的临时调整给旅客及生产保障单位带来的影响，公平地为各航空运输企业提供服务。大型机场为各航空运输企业提供的机位应当相对固定，可为航空公司设置专用航站楼或专用候机区域。

5.1.1 机位调配原则

当机场发生应急救援、航班大面积（或长时间）延误、恶劣气象条件、专机保障，以及航空器故障等情况时，机场管理机构有权指令航空运输企业或其代理人将航空器移动到指定位置。拒绝按指令移动航空器的，机场管理机构可强行移动该航空器，所发生的费用由航空运输企业或者其代理人承担。

机位调配的基本原则为：①发生紧急情况或执行急救等特殊任务的航空器优先于其他航空器；②正常航班优先于不正常航班；③大型航空器优先于中小型航空器；④国际航班优先于国内航班。

5.1.2 机位适用性检查

在航空器在进入机位前，机位应当保持以下状态：①除负责航空器入位协调的人员外，各类车辆、人员、设备、货物和行李均应当位于划定的机位安全线区域外或作业等待区内；②车辆、设备必须制动或固定，有液压装置的保障作业车辆、设备，必须确保其液压装置处于回缩状态；③保障作业车辆在等待时，驾驶员应当随车等候；④廊桥活动端必须处于廊桥回位点。

在航空器进入机位前 5 min，为了确保机位的适用性，接机人员应检查以下状态：①机位是否清洁，不能出现外来物（foreign object damage，FOD）等；②检查人员、车辆及设备是否处于机位安全线区域外或机位作业等待区内；③廊桥驱动轮是否处于回位点；④是否有其他影响航空器停靠的障碍物。

5.1.3 航空器泊位机位检查

航空器在进入机位过程中，任何车辆、人员不得从航空器和接机人员（或目视泊位引导系统)之间穿行。

在航空器处于安全靠泊状态后,接机人员应当向廊桥操作人员或客梯车驾驶员发出可以对接航空器的指令。廊桥操作人员或客梯车驾驶员接到此指令后,方可操作廊桥或客梯车对接航空器。

航空器安全靠泊状态应当满足下列条件:①发动机关闭;②防撞灯关闭;③轮挡按规范放置;④航空器刹车松开。

5.2 机坪作业人员管理

5.2.1 人员培训与考核

所有在机坪从事保障作业的人员,均应接受培训,培训内容包括机场运行安全知识、场内道路交通管理、岗位作业规程等,并经考试合格后,方可办理控制区证件。

培训和考核的内容由机场管理机构确定,培训和考核的方式由机场管理机构与驻场单位协商确定。机场管理机构应当建立在空侧从事相关保障作业的所有人员的培训、考核记录档案,相关保障单位也应当建立本单位人员的培训、考核记录档案。

从事机坪保障作业的单位对飞行区作业人员采取违章扣分制度,当达到一定分值后采取复训、暂停进入飞行区作业、暂扣或吊销证件等管理措施。

5.2.2 人员检查与退出

同日常生活中机动车驾驶证采用扣分管理制度一样,机场管理机构应对控制区活动人员实施违章与控制区证件挂钩管理。机场管理机构根据违章行为的严重等级对违反者扣除相应分值,分值达到一定程度后要接受复训、控制区证件暂扣、控制区证件吊销处理。

《运输机场运行安全管理规定》第一百四十一条规定:所有在机坪从事保障作业的人员,均应当按规定佩戴工作证件,穿着工作服,并配有反光标识。

1. 控制区证件管理

机场控制区证件由机场公安或者机场管理部门制发,是人员、车辆进出机场控制区的有效凭证。控制区证件包括人员长期通行证件(一般具有有效期且需要定期审核)、临时通行证件(有效期较短,一般24小时或2个月内)。机场控制区区域包括国际候机隔离区、国内候机隔离区、国际联检区、国内到达区、航空器活动区、航空器客舱、航空器货舱、货运区、航空器维修区、行李分拣装卸区等。

不同机场控制区通行证的具体形式不尽相同,但一般都要包含持证人员的基本信息、有效起止日期、证件编号和通行区域,如图5.1所示,通行证上会明确佩戴此证件可到达的区域范围,各类人员在机坪的活动区域不得超出其所佩戴证件限定的范围,并应主动接受安全检查。

此外,当持有临时通行证的人员进入机坪时,应当由持有控制区通行证且具有引领权限的人员全程陪同,接受安全检查后方可进入,其活动区域不得超出通行证限定的区域。

(a) (b) (c)

图 5.1 机场控制区通行证

持证人员如果离职或者变更工作区域应当交还控制区通行证件，由机场管理机构进行注销、变更登记。

2. 人员着装要求

所有在机坪工作的人员应当按规定穿戴配有反光标识的上衣，反光标识前后总面积不小于 1000 cm^2，且在夜间具有警示作用。

5.3 车辆及设备设施管理

5.3.1 机坪车辆及设备设施管理

机坪车辆及设备设施是指因保障作业需要放置于机坪内的特种车辆、工作梯、牵引杆、集装器、行李托盘等，机坪车辆及设施设备实行准入和退出制度，进行牌照发放和登记管理，由机场管理机构负责实施。

1. 车辆及设施设备准入要求

进入机坪内的车辆必须具备民用机场航空器活动区机动车牌照和机场航空器活动区机动车行驶证，车辆驾驶员需获得航空器活动区机动车驾驶证；其他类型的设施设备也需要满足一些条件才能够进入机坪提供作业保障。

1）民用机场航空器活动区机动车牌照

按照《民用机场航空器活动区道路交通安全管理规则》第十三条规定：禁止未悬挂民用机场航空器活动区机动车牌照的机动车进入航空器活动区，该牌照为绿底白字，形式如图 5.2 所示。

图 5.2 民用机场航空器活动区机动车牌照

在向机场管理机构申领民用机场航空器活动区机动车牌时，需具备以下条件：①该机动车用于在航空器活动区为航空器运行提供保障服务；②符合机动车国家安全技术标准并符合机场管理机构规定的车辆行驶安全标准；③车身喷涂单位名称和标识，并在顶端安装黄色警示灯；④喷涂统一的安全标志；⑤配备有效的灭火器材；⑥提供机动车保险有效凭证；⑦提供机动车合法来源凭证。

已经申领民用机场航空器活动区机动车号牌的车辆，应当按照机场公安局指定的时间和地点接受年度检验；凡悬挂民用机场航空器活动区机动车车辆号牌的机动车报废、产权变更的，使用单位应按照有关管理办法报告机场航空器活动区机动车管理部门，上交车辆号牌、行驶证，由机场航空器活动区机动车管理部门给予办理相关手续。

2）民用机场航空器活动区机动车行驶证

机坪管理部门根据车辆所属单位提交的车辆外观照片制作民用机场航空器活动区机动车行驶证，然后再发放给车辆所属单位。

3）设施设备的准入条件

各种类型保障作业设施设备应处于适用状态并满足以下条件：①机场及各个保障单位应选用经中国民用航空局通告合格的机场专用设备；②未被列入到中国民用航空局机场专用设备名录中的设施设备，应当符合国家标准和技术规范的要求；③在设备的明显位置应当喷涂有公司的反光标识，且设备表面没有腐蚀、老化、掉漆的现象；④设备首次进入机坪时应当通过机场管理机构组织的设备准入审核，机场管理机构收到设备进场申请后应在规定时间内回复意见，在获得准入许可的设施设备上安装牌照并且制定设备档案。

2. 日常管理

（1）机坪内保障作业的车辆、设备应停泊或放置在指定的区域（作业等待区）内，且不得影响其他车辆、设施设备的正常使用，不得遮挡消防栓井和油料栓井，不得占用人行通道等。

（2）所有具有液压作业装置的车辆在行驶过程中均应当使液压作业装置处于回收状态，如廊桥等。

（3）引导车顶部应安装 D 型低光强障碍灯。

（4）因施工、维护等原因需要开启井盖时，相关单位应该事先报机场管理机构批准，在施工区域内设置醒目的反光标志物。

（5）机坪保障车辆遇到以下情况应主动避让：①执行任务的警车、消防车、救护车、工程抢险车、应急救援车以及护卫车队；②处于滑行、推出或牵引状态的飞机；③在机坪上实施保障作业的工作人员。

3. 检查与退出

机场管理机构应当每年组织一次设施设备年度检查，当发现设施设备没有悬挂审核发放的牌照或者设备故障未及时修理的，车辆或设备应该由机场管理机构根据实际情况自行清退出机坪。

5.3.2 航空器活动区内道路交通管理

在航空器活动区内，由于航空器和车辆同时存在，且车辆类型较多，因此容易发生交通事故。例如，2023年10月26日凌晨，杭州萧山机场一辆工作车辆失控撞向厦门航空公司一架在机场过夜的飞机，造成飞机轻微损伤，无人员受伤。

1）车辆在航空器活动区行驶时应遵守的规定

①车辆需按指定的道口进入航空器活动区，接受值勤人员的查验；②航空器活动区内实行分区限速管理，但最高时速不得超过 50 km；③车辆行驶到机坪、滑行道交叉路口时，应停车观察航空器动态，在确认安全后通过；④当车辆遇航空器滑行或被拖行情况时，应在航空器一侧安全距离外避让，不得在航空器前 200 m 内穿行或 50 m 内尾随、穿行；⑤昼夜开启车辆黄色警示灯。

2）车辆在停机位内行驶时应遵守的规定

①为到港航班服务的车辆，须停放在设备停放区，当航空器放置轮挡且关闭发动机后，才能靠近航空器进行作业；②特种车辆靠接航空器时，时速不得超过 5 km/h，在距航空器 15 m 时须试验刹车是否有效，行驶到距离航空器 2 m 时必须完全停下；③除为航空器服务的车辆外，其他车辆不得从机翼或机身下方穿行；④在机位内作业的车辆不得倒车，必须倒车的，须有人观察指挥，确保安全。

3）对非机动车的规定

①非机动车驾驶员不得酒后驾驶非机动车；②丧失正常驾驶能力的不得驾驶；③驾驶非机动车不准载人；④非机动车不得进入停机位。

5.4 机坪环境卫生管理

机坪作为人员上下航空器、航空器滑行停放、维修、货物行李装卸、车辆行驶的重要区域，由于各种保障活动很容易产生各种物品遗漏在地面，道面本身由于长期自然环境影响也会风化掉落，航空器维修过程中会有零部件遗落、燃油泄漏等污染机坪，因此，机场管理机构和各驻场单位均应加强对机坪上外来物的管理，预防外来物对航空器造成的损伤。

5.4.1 机坪外来物管理

1. 机坪外来物的来源

在民航局下发的《运输机场外来物防范管理办法》(AP-140-CA-2022-05)中,外来物是指在机场活动区内无运行或者航空功能,并可能构成航空器运行危险的无生命的物体。外来物又被称为FOD。

机坪范围内外来物主要有两个来源。一是机坪作业运行过程。比如,装卸人员在装卸货物、行李时动作粗鲁,导致货物包装木箱上铁钉、行李箱锁等尖锐物品脱落;在飞机推出停机位的过程中,飞机轮胎(特别是轮胎缝隙)扎入上述潜在外来物可能性很大;从停机位运送至库房或行李提取转盘处的过程中缺乏有效的监控,车上遗留的杂物随车扩散到其他区域。二是机坪道面破损和错台等产生的碎石子,如图5.3所示。

图 5.3 机坪外来物

2. 机坪外来物的防范措施

机场管理机构统一负责机坪日常保洁和卫生监督工作。航空运输企业及其他驻场单位自行使用的机坪,由机场管理机构和航空运输企业、其他驻场单位依据协议分工,确定机坪日常保洁及卫生监督责任。对机坪每日进行动态清扫,每周不少于一次全面清扫。

(1)禁止在机坪内随意乱丢废弃物,机坪保障作业人员发现垃圾或废弃物应当主动拾起,并放入指定的废弃物容器。

(2)禁止在机坪内进行垃圾分拣。

(3)禁止在机坪内进行餐饮活动。

（4）禁止在机坪内堆放垃圾袋等杂物，如果临时堆放需要有人看管并及时清理。

（5）机坪作业人员对航空器保障作业、行李货物运输过程中散落的外来物及时清理。

（6）在用托盘拖斗运输行李、货物过程中，如果遇到雷雨等恶劣天气条件，禁止单独使用防水塑料布对货物进行外露式苫盖，应当采取有效拴系措施，防止塑料布掉落。

5.4.2 机坪除冰雪

机坪的冰雪清除在各机场的冬季除冰雪预案中有清晰的程序；机坪冰雪的清除一般采取机械与人工结合的方式，在机坪无航空器停放时采用机械清除，人工只负责靠近候机楼的区域，防止机械对建筑外构造成损伤，在有航空器停放时，机位安全线内包括航空器周围一定区域（各机场自行划定一般在 5 m～8 m 之间）必须使用人工清理。不建议使用融雪剂，融化后的雪水极易结冰会导致航空器滑行困难，刹车效率降低，安全风险增加。机坪不容许存在冰层必须全部清除，积雪禁止堆积在机坪内，堆积在机坪周围的积雪不得高于机坪道面 0.5 m。

除雪作业中的注意事项包括以下几点。

（1）除雪作业过程中，应注意保护机坪边灯、机位牌、加油井盖。雪和冰的临时堆放高度与飞机发动机（螺旋桨）的垂直距离不得小于 40 cm，与翼展的垂直距离不得小于 1 m。

（2）停机坪的除冰除雪作业应从机坪滑行道和机位滑行通道开始，除雪效果要达到滑行道标志明显和中线灯清晰。应在机坪上选择专门地区来处理积雪，或者全部装上卡车运到排水良好的地方。

（3）在接近停放飞机的地区，应当使用小型除雪车。在离飞机小于 5m 的地方，不得使用机械除雪设备，以免由于道面光滑引起除雪车辆设备撞坏飞机。有些特别地区（如上下旅客、装卸货物等地区），应随时采用化学制剂除冰。

5.4.3 机坪维修及清洗

一般情况下，不得在机坪上对航空器外部进行清理，特殊情况时必须得到机场指挥中心的批准。航空器所有人或代理人负责将机位上的清洁剂和其他溢出物清洗干净，使机位恢复到正常使用状态。当清洗单位自己不能或拒绝清洁时，机场将组织人员恢复机坪正常状态，所产生的费用由污染单位负责。

为保证航班按时离港，可将航空器常规航线维护工作安排在停机位内进行。在机坪内进行航空器维护排故、添加润滑油和液压油及其他保障工作时，不得影响机位的正常调配及对机坪内其他运行保障工作构成影响，并应当采取有效措施防止对机坪造成污染和腐蚀。维修作业结束后，维修作业部门应当及时将现场清理干净。对用于清除泄漏燃油或机油的砂子，应及时清除。

5.5 机坪消防管理

（1）机场管理机构应当在机坪内适当位置设置醒目的"禁止烟火"标志，并公布火警报警电话号码。

（2）未经机场管理机构批准，任何人不得在飞行区内动用明火、释放烟雾和粉尘，机坪内禁止吸烟。

（3）机场管理机构应当按照《民用航空运输机场消防站消防装备配备》（MH/T 7002—2006）《民用航空运输机场飞行区消防设施》（MH/T 7015—2007）的规定为机坪配备相应的消防设施设备，并定期检查。任何单位和人员不得损坏、擅自挪动机坪消防设施设备。

（4）机坪内的消防通道和消防设施设备应当予以醒目标识。车辆或设备的摆放不得影响消防通道、消防设备，以及应急逃生通道的使用。

（5）任何人员发现机坪内出现火情或火灾隐患时，均应当立即报告消防部门，并应当在消防部门到达现场前先行采取灭火措施。待机坪内火灾扑灭后，相关单位及人员应当保护好火灾现场，并及时报告公安消防管理部门，由公安消防管理部门进行火灾事故勘查。

（6）在飞行区设置特种车辆加油站或在机坪上为特种车辆提供流动加油服务作业的，机场管理机构应当事先取得民航局同意。

即测即练

自学自测　扫描此码

第 6 章

机场净空管理

在机场运行安全中,机场净空保护占有非常重要的地位。虽然飞机起飞和降落耗时较短,但被称为"黑色十分钟"。空客发布的2021年《商用航空事故统计分析报告》指出,2021年发生的5起飞机损毁事故中,有3起发生在进近和着陆阶段。由此可见,机场净空保护与飞机的起飞、着陆安全有着紧密联系。

6.1 机场净空范围及管理内容

6.1.1 机场净空范围

按照《运输机场净空保护管理办法》(AP-140-CA-2022-03),运输机场净空保护区是指以机场基准点为圆心、水平半径55 km的空间区域,分为净空巡视检查区域和净空关注区域。净空巡视检查区域为机场障碍物限制面区域加上适当的面外区域,一般为机场跑道中心线两侧各10 km、跑道端外20 km以内的区域。净空关注区域为净空巡视检查区域之外的机场净空保护区域,如图6.1所示。

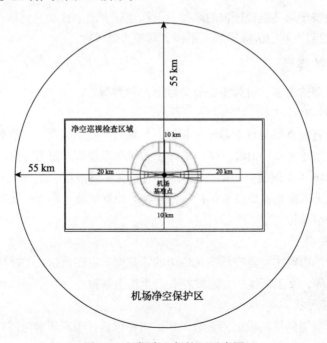

图 6.1 机场净空保护区示意图

机场净空区一般由端净空区和侧净空区两部分组成。端净空区分布在跑道两端，主要保证飞机起飞爬升和下滑着陆过程中的净空安全，包括起飞爬升面、进近面、内进近面、复飞面；侧净空区是从升降带和端净空区限制面边线开始，至机场净空区边线所构成的限制物体高度的区域，由过渡面、内过渡面、内水平面、锥形面、外水平面组成。

6.1.2 障碍物

机场净空管理的对象主要是障碍物。障碍物类型多样，如果障碍物突破了障碍物限制面的要求，就会影响飞机起降安全和机场的安全运行，因此，有必要了解障碍物的概念及类型。

1. 相关概念

按照《民用机场障碍物图 – A 型（运行限制）编绘规范》(WM-TM-2019-02)的要求，障碍物的相关概念包括地物、起飞航径区、障碍物鉴别面、障碍物。

1）地物

地物是指地球表面上相对固定的物体，包括自然地物（如山川、森林、河流等）、人工地物（如建筑物、铁路、公路等）。

2）起飞航径区

起飞航径区为直接位于起飞航径下方地球表面、对称地位于起飞航径两侧的区域。

3）起飞航径区障碍物鉴别面

与起飞航径区起点相同的一个 1.2%（或一个特别批准的梯度）坡度面。

4）障碍物

障碍物是指位于起飞航径区内的地物以及在地球表面上移动的物体（如火车、汽车、船等），如果穿透起飞航径区障碍物鉴别面，则视为障碍物。

2. 障碍物的类型

按照净空管理的内容，将障碍物分为以下四种类型。

1）实体障碍物

实体障碍物可能直接与航空器发生相撞，导致航空器结构受损或者爆炸。主要包括：①固定障碍物，如建筑物、山峰、煤气罐等；②移动障碍物，如飞行区内的车辆、设施设备、无人机（2016 年英国航空一架空客 A320 客机在降落前遭到无人机撞击，这是世界上首例民航客机与无人机相撞事件）等；③漂浮物，如氢气球、彩带、孔明灯、塑料袋、风筝等；④鸟类和小动物。

2）烟雾、粉尘

烟雾、粉尘的影响主要是降低机场周边的能见度。主要包括：①燃烧产生的烟雾，如焚烧秸秆、垃圾等；②工厂生产、燃放礼花产生粉尘颗粒。

3）电磁环境干扰

电磁环境影响通信导航设施的正常工作，主要包括：①高压输电线；②电气化铁路；③通信线路和塔架；④产生电磁场的设备、场所，如医院、靶场等。

4）光污染

光环境影响助航灯光的正常使用以及驾驶员的视线，主要包括：①机场周边的景观照明；②机场附近的社区照明。

6.2 障碍物限制面的组成

机场净空条件的破坏往往是由一些超高建筑物造成的，因此，为了限制障碍物的高度，人们规定了一些假想的障碍物限制面，使障碍物的高度不能超越障碍物限制面。障碍物限制面也称为净空面，包括起飞爬升面、进近面、内进近面、内水平面、锥形面、过渡面、内过渡面、复飞面，如图6.2所示。

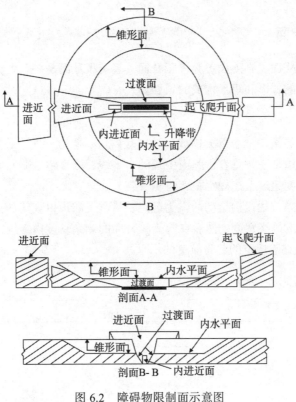

图 6.2 障碍物限制面示意图

障碍物限制面的设置是根据跑道类型来确定的，各类型的跑道应该设置的障碍物限制面类型，如表6.1所示。

表 6.1 跑道类型与其设置障碍物限制面的关系

障碍物限制面类型	仪表跑道			非仪表跑道
	非精密进近跑道	Ⅰ类精密进近跑道	Ⅱ、Ⅲ类精密进近跑道	
起飞爬升面	当跑道用于飞机起飞时，必须设置			

续表

障碍物限制面类型	仪表跑道			非仪表跑道
	非精密进近跑道	Ⅰ类精密进近跑道	Ⅱ、Ⅲ类精密进近跑道	
进近面	√	√	√	√
过渡面	√	√	√	√
内水平面	√	√	√	√
锥形面	√	√	√	√
内进近面		√	√	
内过渡面		√	√	
复飞面		√	√	

注：√表示应该设置。

6.2.1 起飞爬升面

当跑道用于起飞时，必须设置起飞爬升面。起飞爬升面是一个由跑道起端或净空道起端开始的向上延伸的梯形和矩形构成的斜面。

1. 组成

起飞爬升面的界限由三个部分组成，分别是内边、侧边、外边，如图6.3所示。

（1）内边。内边是一条垂直于跑道中线的水平线，位于跑道端外规定距离处或净空道末端（当净空道长度超过上述规定距离时）。

（2）侧边。两条侧边以内边的两端为起点，从起飞航道以规定的比率（散开率）均匀地扩展至一个规定的最终宽度，然后在起飞爬升面的剩余长度内继续维持这一宽度。

（3）外边。垂直于规定的起飞航迹的水平线。

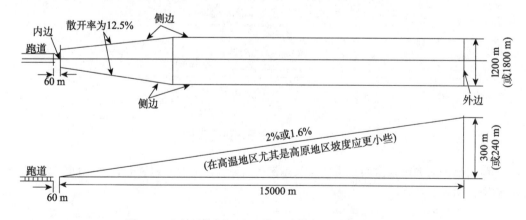

图6.3 飞行区指标Ⅰ为3或4跑道起飞爬升面示意图

2. 作用

保证飞机在起飞和复飞时，能够与构筑物保持足够距离，防止飞行事故的发生。

3. 尺寸

起飞爬升面的尺寸和坡度见表6.2。

表6.2 起飞爬升面的尺寸要求

起飞爬升面尺寸[①]	飞行区指标 I		
	1	2	3 或 4
内边长度/m	60	80	180
距跑道端距离/m[②]	30	60	60
散开率（每侧）/%	10	10	12.5
最终宽度/m	380	580	1200（或 1800[③]）
长度/m	1600	2500	15000
坡度/%	5	4	2[④]

注：表中数据源自《民用机场飞行区技术标准》（MH5001—2021）。
① 除另有规定外，所有尺寸均为水平度量。
② 当跑道设有净空道时，且净空道长度大于内边距跑道端距离时，起飞爬升面从净空道末端开始。
③ 若在仪表气象条件和夜间目视气象条件下飞行时，当拟用航道出现包含大于15°的航向变动时，采用1800 m。
④ 当机场当地的海拔和气温与标准条件悬殊时，应考虑将起飞爬升面的坡度酌情减小。如果现实情况并不存在超过2%的起飞爬升面的障碍物，那么应该在起飞爬升面的起始3000 m范围内维持现有的实际坡度或降至1.6%的坡度。

6.2.2 进近面

进近面是跑道入口前的一个倾斜的平面或几个平面的组合。如果一条跑道两端均可作为着陆端，那么进近面应分布在跑道两端。

1. 组成

进近面的界线由内边、侧边和外边三个部分组成，如图6.4所示。

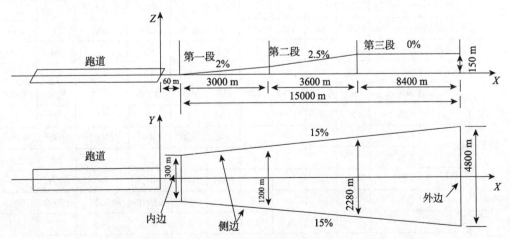

图6.4 飞行区指标 I 为 3、4 的跑道进近面示意图（仅标注一跑道端）

（1）一条内边：位于跑道入口前的一个规定距离处，一条规定长度且垂直于跑道中线延长线的水平线。

（2）两条侧边：以内边的两端点为起点，自跑道的中线延长线均匀地以规定的比率（散开率）向外散开。

（3）一条外边：平行于内边。

2. 作用

限制构筑物的高度，保证飞机以某一下滑角降落时，能与构筑物保持一定的垂直距离。

3. 尺寸

进近面的内边长度、距跑道入口距离、长度、坡度、散开率等尺寸要求，见表6.3。

表6.3 进近跑道的障碍物限制面的尺寸和坡度

障碍物限制面及尺寸[①]		跑道类别							精密进近跑道		
		非仪表跑道				非精密进近跑道			Ⅰ类		Ⅱ类或Ⅲ类
		飞行区指标Ⅰ				飞行区指标Ⅰ			飞行区指标Ⅰ		飞行区指标Ⅰ
		1	2	3	4	1,2	3	4	1,2	3,4	3,4
锥形面	坡度/%	5	5	5	5	5	5	5	5	5	5
	高度/m	35	55	75	100	60	75	100	60	100	100
内水平面	高度/m	45	45	45	45	45	45	45	45	45	45
	半径/m	2000	2500	4000	4000	3500	4000	4000	3500	4000	4000
内进近面	宽度/m	—	—	—	—	—	—	—	90	120	120
	距跑道入口距离/m	—	—	—	—	—	—	—	60	60	60
	长度/m	—	—	—	—	—	—	—	900	900	900
	坡度/m	—	—	—	—	—	—	—	2.5	2	2
进近面	内边长度/m	60	80	150	150	140	280	280	140	280	280
	距跑道入口距离/m	30	60	60	60	60	60	60	60	60	60
	散开率（每侧）/%	10	10	10	10	15	15	15	15	15	15
	第一段 长度/m	1600	2500	3000	3000	2500	3000	3000	3000	3000	3000
	第一段 坡度/%	5	4	3.33	2.5	3.33	2	2	2.5	2	2
	第二段 长度/m	—	—	—	—	3600[②]	3600[②]	3600[②]	12000	3600[②]	3600[②]
	第二段 坡度/%	—	—	—	—	2.5	2.5	2.5	3	2.5	2.5
	水平段 长度/m	—	—	—	—	8400[②]	8400[②]	8400[②]	—	8400[②]	8400[②]
	水平段 总长度/m	—	—	—	—	15000	15000	15000	15000	15000	15000
过渡面	坡度/%	20	20	14.3	14.3	20	14.3	14.3	14.3	14.3	14.3
	内过渡面坡度/%	—	—	—	—	—	—	—	40	33.3	33.3

续表

障碍物限制面及尺寸①		跑道类别								
		非仪表跑道				非精密进近跑道			精密进近跑道	
									Ⅰ类	Ⅱ类或Ⅲ类
		飞行区指标Ⅰ				飞行区指标Ⅰ			飞行区指标Ⅰ	飞行区指标Ⅰ
		1	2	3	4	1,2	3	4	1,2	3,4	3,4
复飞面	内边长度/m	—	—	—	—	—	—	—	90	120③	120③
	距跑道入口距离/m	—	—	—	—	—	—	—	距升降带的距离	1800④	1800④
	散开率/%	—	—	—	—	—	—	—	10	10	10
	坡度/%	—	—	—	—	—	—	—	4	3.33	3.33

注：表中数据源自《民用机场飞行区技术标准》(MH5001—2021)。
①除另有注明外，所有尺寸均为水平度量。
②此数据可变。
③飞行区指标Ⅱ为F时，该长度增加到140 m，但能接纳装有数字化航空电子设备，以便在复飞操作时提供操纵指令使飞机保持已建立航迹的飞行区指标Ⅱ为F的机场除外。
④或至跑道端距离，两者取小者。

6.2.3 内进近面

内进近面是进近面中紧靠跑道入口前的一块长方形部分，只有Ⅰ、Ⅱ、Ⅲ类精密进近跑道应该设置，同进近面一样，如果一条跑道两端均可作为着陆端，那么内进近面应分布在跑道两端。

1. 组成

内进近面的边界由内边、侧边、外边三部分组成，如图6.5所示。

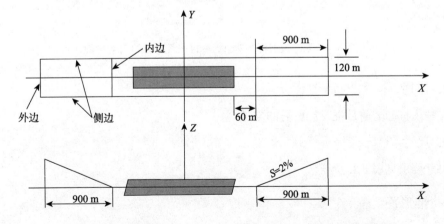

图6.5 飞行区指标Ⅰ为3、4的精密进近跑道内进近面示意图

（1）一条内边：与进近面内边的位置重合，一条规定长度且垂直于跑道中线延长线的水平线。

（2）两条侧边：以内边的两端为起点，平行于包含跑道中线的垂直平面向外延伸。

（3）一条外边：平行于内边。

2. 作用

保证飞机在精密进近跑道上以某一下滑角降落时，能与构筑物保持一定的垂直距离。

3. 尺寸

具体尺寸见表 6.3 的要求。

6.2.4 内水平面

内水平面是位于机场及其周边区域上方的一个水平面。

1. 组成

内水平面的起算标高应为跑道两端入口中点的平均标高。以跑道两端入口中点作为圆心，按表 6.3 规定的内水平面半径画出圆弧，再以与跑道中线平行的两条直线与圆弧相切成一个近似椭圆形，形成一个高出起算标高 45 m 的水平面，如图 6.6 所示。起算标高为跑道两端中点标高的平均值。

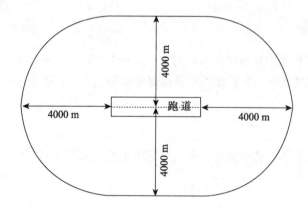

图 6.6　飞行区指标 I 为 3、4 的一条跑道的内水平面

2. 作用

保护飞机着陆前目视盘旋所需的空域。

3. 尺寸

尺寸要求见表 6.3。

6.2.5 锥形面

锥形面是从内水平面周边起向上和向外倾斜的一个面，如图 6.7 所示。

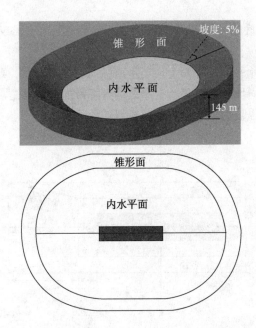

图 6.7　飞行区指标 I 为 3、4 的精密进近跑道锥形面示意图

1. 位置

锥形面的起端应从内水平面的周边开始，其起算标高应为内水平面的标高，以 1∶20 的坡度向上和向外倾斜，直到到达符合表 6.3 规定的锥形面外缘高度为止。

2. 组成

（1）底边：与内水平面周边相重合。
（2）顶边：高出内水平面一个规定高度的近似椭圆水平面的周边。

3. 作用

同内水平面毗邻，目的也是保护飞机着陆前目视盘旋所需的空域。

4. 尺寸

尺寸要求见表 6.3。

6.2.6　过渡面

过渡面是沿升降带边缘和部分进近面边缘坡度向上和向外倾斜到内水平面的一个复合面。如果坡道两端都有进近面，那么两端也都要有过渡面。

1. 组成

过渡面边界由底边、顶边两部分组成，如图 6.8 所示。
（1）底边：从进近面侧边与内水平面相交处开始，沿进近面侧边向下延伸至进近面的内边，再从该处沿升降带的全场与跑道中线相平行。底边上沿进近面侧边部分的标高等于进近面在该点的标高，底边上沿升降带部分的标高等于跑道中线或其延长线上最近点的标高；

（2）顶边：位于内水平面的平面上。当跑道纵向坡度不变时，则沿升降带的过渡面是一个平面；如果跑道纵向坡度是变化的，那么沿升降带的过渡面是一个曲面。过渡面与内水平面的交线根据跑道纵坡的不同形成一条直线或曲线。

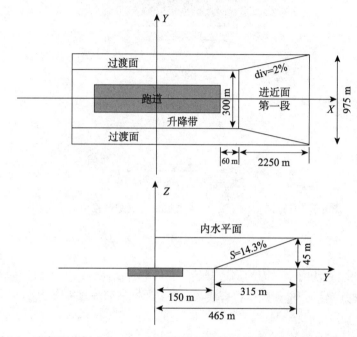

图 6.8　飞行区指标 I 为 3、4 的精密进近跑道过渡面（仅标注跑道一端）

2. 作用

对建筑物进行限制，保证飞机在进近中，低空飞行偏离跑道中线或复飞阶段时的安全和正常。

3. 尺寸

尺寸要求见表 6.3。

6.2.7　内过渡面

内过渡面是类似于过渡面的面，但更接近于跑道，仅用于精密进近跑道。

1. 组成

内过渡面边界由底边和顶边两部分组成，如图 6.9 所示。

（1）底边：从内进近面的末端开始，沿内进近面的侧边向下延伸到该面的内边，从该处沿升降带平行于跑道中线至复飞面的内边，然后再从该处沿复飞面的边线向上至该边线与内水平面相交处为止。

（2）顶边：位于内水平面的平面上。

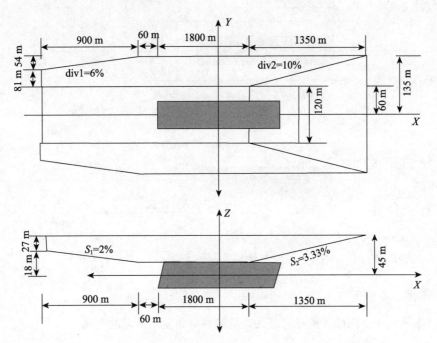

图 6.9　飞行区指标 I 为 3、4 的精密进近跑道内过渡面示意图

2. 作用

内过渡面对助航设备、飞机和其他必须接近跑道的车辆等物体进行控制，除了易折装置的物体外，不得突出该限制面。

3. 尺寸

尺寸见表 6.3。

6.2.8　复飞面

复飞面是位于跑道入口后面一个规定距离的、在两侧内过渡面之间延伸的一个倾斜平面，仅用于精密进近跑道。

1. 组成

复飞面由内边、侧边和外边三部分组成，如图 6.10 所示。

（1）一条内边：位于跑道入口后面一个规定的距离，并垂直于跑道中线的水平线。内边的标高应等于在内边位置处的跑道中线的标高。

（2）两条侧边：以内边的两端为起点，并从含有跑道中线的垂直平面以规定的比率均匀地向外扩展。

（3）一条外边：平行于内边，并位于内水平面的平面内。

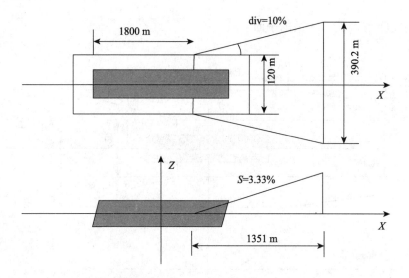

图 6.10　飞行区指标 I 为 3、4 的精密进近跑道复飞面示意图

2. 作用

复飞面的作用是保证飞机在着陆失败后能够顺利复飞所需的空间。

3. 尺寸

尺寸要求见表 6.3。

6.2.9　障碍物限制面的其他要求

当一条跑道两个方向都能进行起飞和着陆时,那么障碍物的高度必须按照起飞和进近要求进行严格的控制。

当内水平面、进近面和锥形面相互重叠时,障碍物高度按照最严格的要求进行控制。

当一个机场有多条跑道时,应首先按照表 6.2、表 6.3 的要求分别确定每条跑道的净空限制范围,然后对于重叠部分按照最严格的要求进行控制。

6.3　障碍物限制管理

6.3.1　障碍物的限制要求

《运输机场净空保护管理办法》第十三条:在机场净空保护区域内,机场管理机构应当采取措施,协助相关地方人民政府防止下列影响飞行安全的行为发生。

(1) 修建可能在空中排放大量烟雾、粉尘、火焰、废气而影响飞行安全的建筑物、构筑物或者设施。

(2) 修建靶场、强烈爆炸物仓库等影响飞行安全的建筑物、构筑物或者设施。

(3) 修建不符合机场净空要求的建筑物、构筑物或者设施。

(4)设置影响机场目视助航设施使用或者民用航空器驾驶员视线的灯光、激光、标志、物体。

(5)种植影响飞行安全或者影响机场助航设施使用的植物。

(6)放飞影响飞行安全的鸟类动物以及升放无人驾驶的自由气球、系留气球和其他物体。

(7)修建影响机场电磁环境的建筑物、构筑物或者设施。

(8)设置易吸引鸟类及其他动物的露天垃圾场、屠宰场、养殖场等场所。

(9)焚烧产生大量烟雾的农作物秸秆、垃圾等物质,或者燃放烟花、焰火。

(10)其他可能影响飞行安全的情形或者活动。

6.3.2 障碍物的遮蔽原则

在机场障碍物限制范围内超过起飞爬升面、进近面、过渡面、锥形面以及内水平面的现有物体应予拆除或搬迁,除下列情况外。

(1)经过研究认为在航行上采取措施,该物体不致危及飞行安全,并经民航行业主管部门批准。该物体应按规定设置障碍灯和(或)标志。

(2)该物体被另一现有不能搬迁的障碍物所遮蔽。

遮蔽原则是指:当物体被现有不能搬迁的障碍物所遮蔽时,自该障碍物顶点向跑道相反方向为一水平面,向跑道方向为向下 1∶10 的平面,任何在这两个平面以下的物体,即为被该不可搬迁的障碍物所遮蔽,如图 6.11 所示。遮蔽原则的应用应经航行部门研究认可。

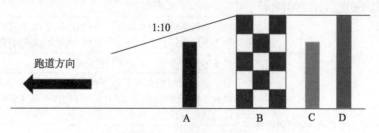

图 6.11 遮蔽原则示意图

6.3.3 障碍物标志和照明

为了更好地辨认、识别机场活动区内的障碍物以及保障飞机夜间飞行的安全,需要对障碍物涂刷特有的标志和安装灯光。应加障碍物标志和照明的障碍物,如表 6.4 所示。

1. 障碍物标志

1)可移动物体

应给所有应设标志的可移动物体涂色或展示旗帜。

当用颜色标识可移动物体时,应采用醒目的单色:应急车辆应为红色,勤务车辆应为黄色;当用旗帜标志可移动物体时,应将旗帜展示在物体的顶部或最高边缘的四周,且旗帜应不增大其所标志物体产生的危害,如图 6.12 所示。

表 6.4　应加障碍物标志和照明的障碍物

序号	应加标志和照明的障碍物	可略去标志的条件	可略去照明的条件
1	机场活动区内的所有车辆和移动物体	机坪无动力勤务车辆	
2	机场活动区内的立式航空地面灯		活动区内的立式灯具和标记牌
3	滑行道中线两侧一定范围[见表2.9（11）]的障碍物	—	—
4	机位滑行通道中线两侧一定范围[见表2.9（13）]的障碍物	—	—
5	距离起飞爬升面内边3000 m以内且突出于该面之上的固定障碍物	该障碍物已被另一固定障碍物遮蔽	
		该障碍物超出周围地面高度不大于150 m并设有在昼间运行的A型中光强障碍灯	该障碍物为一灯塔并经航行研究表明该灯塔的灯光已足够时
		该障碍物设有在昼间运行的高光强障碍灯	—
6	邻近起飞爬升面的非障碍物	当该物体超出周围地面高度不大于150 m并设有昼间运行的A型中光强障碍灯	—
		当该物体设有在昼间运行的高光强障碍灯	—
7	突出于距离进近面内边3000 m以内或突出于过渡面之上的固定障碍物	当该障碍物已被另一固定障碍物所遮蔽	
		当该障碍物超出周围地面高度不大于150 m并设有在昼间运行的A型中光强障碍灯	—
		当该障碍物设有在昼间运行的高光强障碍灯	当该障碍物为一灯塔并经航行研究表明该灯塔的灯光已足够时
8	突出于内水平面之上的固定障碍物	当该障碍物被另一固定障碍物遮蔽时	
		对于由大面积的以不可移动物体或地形形式存在的障碍物所构成的一块环状区域，已制定有程序用以确保（该环状区域）与规定的航道保持安全的垂直净距	
		经航行研究表明该障碍物对航行无关紧要	
		当该障碍物超出周围地面高度不大于150 m并设有在昼间运行的A型中光强障碍灯时	当该障碍物为一灯塔并经航行研究表明该灯塔的灯光已足够时
9	突出于障碍物保护面之上的固定物体		
10	航行研究认为对航空器构成危害的电线或电缆、支撑杆塔	杆塔设有在昼间运行的高光强障碍灯	
11	位于障碍物限制面以外、航行研究认为对航空器构成危害的物体	该障碍物设有在昼间运行的高光强障碍灯	

注：表中数据源自《民用机场飞行区技术标准》（MH5001—2021）。

2）固定物体

所有应予标志的固定物体，只要实际可行，应该用颜色标志。

当障碍物表面上基本上不间断、在任一垂直面上投影的高度和宽度均大于等于 4.5m

时，应用橙白相间或红白相间的棋盘格式标识，棋盘由多个长方形构成，棋盘格边长大于或等于1.5m，且小于或等于3m，棋盘角隅处用较深的颜色，如图6.13(a)、图6.13(b)所示。

图6.12 可移动物体颜色标识

当障碍物表面基本上不间断且其一边（水平或垂直的尺寸）大于1.5m、而另一边的尺寸小于4.5m的物体以及其一水平边或一垂直边的尺寸大于1.5m的骨架式物体，应采用橙白相间或红白相间的色带来标识，色带应垂直于长边，物体的端部色带应为较深的颜色，如图6.13(c)、图6.13(d)所示。

当在任一垂直面上投影的长、宽均小于1.5 m的物体，应涂满醒目的单色，如橙色或红色。

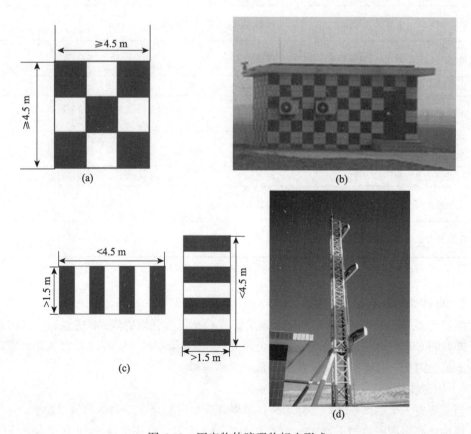

图6.13 固定物体障碍物标志形式

障碍物的标志物应位于醒目的位置，以保持物体的一般轮廓，并且在天气晴朗时，在航空器有可能接近它的所有方向上，至少从空中 1000m、从地面 300m 的距离上应能被识别出来。

架空的电线、电缆等的标志物应为直径不小于 60cm 的球形。两个连续的标志物或一个标志物与支承塔杆之间的间距，应与标志物的直径相适应。

2. 障碍物照明

当夜间或低能见度时，障碍物需要设置障碍灯。按照障碍灯的光照强度，将其分为低光强、中光强、高光强三种类型。低光强障碍灯分为 A 型、B 型、C 型、D 型、E 型，中光强障碍灯分为 A 型、B 型、C 型，高光强障碍灯分为 A 型和 B 型，其颜色和闪光频率如表 6.5 所示。

表 6.5 障碍灯的特性

障碍灯类型	颜　色	信号型式闪光频率
A 型低光强（固定障碍物）	红色	恒定光
B 型低光强（固定障碍物）	红色	恒定光
C 型低光强（可移动障碍物）	蓝色（应急和保安用的车辆）、黄色	闪光 60 fpm～90 fpm
D 型低光强引导车（FOLLOW ME）	黄色	闪光 60 fpm～90 fpm
E 型低光强	红色	闪光
A 型中光强	白色	闪光 20 fpm～60 fpm
B 型中光强	红色	闪光 20 fpm～60 fpm
C 型中光强	红色	恒定光
A 型高光强	白色	闪光 40 fpm～60 fpm
B 型高光强	白色	闪光 40 fpm～60 fpm

注：表中数据源自《民用机场飞行区技术标准》（MH5001—2021）。

1）可移动物体

除航空器外，在车辆和移动物体上均应安装 C 型低光强障碍灯，在应急和安保用的车辆上安装的 C 型低光强障碍灯应发出蓝色闪光，而在其他车辆上安装的 C 型低光强障碍灯应发出黄色闪光。引导车上应设置 D 型低光强障碍灯。

2）固定物体

当需要对一个物体安装灯光标示时，障碍灯应尽可能地靠近物体的顶端设置。

当物体高出周围地面不及 45m 时：如果面积不太大，应安装 A 型或 B 型低光强障碍灯；如果为大面积的物体应安装 A 型、B 型或 C 型中光强障碍灯。

当物体高出周边地区地面 45 m 但小于 150 m 时，应安装 A 型、B 型或 C 型中光强障碍灯；当 A 型中光强障碍灯标示的障碍物的顶部比周围地面高出 105 m 以上或比附近建筑物（当需要标示的障碍物被多个建筑物包围时）的顶部标高高出 105 m 以上时，应在中间增设障碍灯；当 B 型中光强障碍灯或 C 型中光强障碍灯标示的障碍物的顶部比周围地面高出 45 m 以上或比附近建筑物（当需要标示的障碍物被多个建筑物包围时）的顶部标高高出 45 m 以上时，应在中间增设障碍灯。

经航行研究表明，当物体高出周围地面水平面 150 m 时，只有应用高光强障碍灯标识才能在日间辨别时，因此应安装 A 型高光强障碍灯。

6.3.4　障碍物的日常管理

机场管理机构应当建立机场净空保护区定期巡视检查制度，保证任何可能突出障碍物限制面的建筑活动或自然生长植物能在影响机场运行之前被发现。巡视检查制度应当包括巡视检查区域、检查周期、检查内容（包括障碍灯是否开启并正常工作）、检查方法及工具等。

1. 检查区域

净空巡视检查区域为机场障碍物限制面区域加上适当的面外区域，一般为机场跑道中心线两侧各 10 km、跑道端外 20 km 以内的区域。

2. 检查周期

净空巡视检查区域的巡视检查，每月应当不少于一次（全覆盖），其中重点巡视检查区域的巡视检查，每周应当不少于一次；无障碍区域及距跑道端 1.5 km 进近面以内区域的巡视检查，每日应当不少于一次。

3. 检查内容

检查有无新增的、超高的建筑物、构筑物和自然生长的植物，并对可能超高的物体进行测量；检查在建建设项目的高度及位置数据与净空审核意见的符合性；检查有无影响净空环境情形或行为；检查障碍物标志、标志物和障碍灯的有效性。

4. 检查方法及工具

净空巡视检查可以采用人工巡视检查或者自动监视方法。

人工巡视检查用到的工具包括车辆及测量设备，如望远镜、对讲机、测距仪等。

自动监视方法主要是卫星遥感和无人机航摄新技术。采用无人机开展净空巡视检查的，机场管理机构应当按照无人机运行的有关规定等进行安全风险评估，经评估并采取相应安全管控措施后方可应用。无人机飞行应当符合飞行管理的有关要求。

6.3.5　其他物体要求

1. 障碍物限制面以外的物体

在障碍物限制面以外的区域内，对航空器飞行运行造成限制或影响的物体应视为障碍物。该区域大小与机场分类、飞行规则相关,最大不超过以机场基准点为圆心、半径55km的范围。

2. 其他物体

(1)物体未高出进近面,但对目视或非目视助航设备有不良影响的,宜尽可能移除。

(2)经航行研究认为对位于活动区上或内水平面和锥形面范围内空间的飞机有危害的任何物体应视为障碍物,并应尽可能将其移除。

6.4 机场鸟击及动物的防范

6.4.1 机场鸟击危害

鸟击又称鸟撞,是指飞机在起飞、爬升、巡航或降落过程中被鸟类撞击而发生的影响飞行安全的事件、事故或事故征候。

在航空发展的初期,鸟击就是威胁飞行安全的一个重要因素。在早期,飞机的速度较低,飞机与鸟相撞后,一般会造成挡风玻璃破碎或机身破坏,严重时可能导致空难。例如,在 1912 年,首次飞越美国大陆的著名飞行员卡尔·罗杰斯在进行一次驾机表演时,由于一只海鸥缠住了操纵杆的控制线而导致机毁人亡。

后来随着航空技术的发展,喷气式飞机开始投入运营,飞机的速度越来越大,因此鸟与飞机相撞时的相对速度也越来越大,根据动能定理,动能与相对速度的平方成正比,因此,二者相撞时产生的冲击力非常大。据实验测定,一只 0.45 kg 的鸟与时速 80 km 的飞机相撞,会产生 153 kg 的冲击力;一只 7 kg 的大鸟撞在时速 960 km 的飞机上,冲击力将达到 144 t(相当于 36 只亚洲象)。

鸟击的主要部位包括发动机、螺旋桨、飞机雷达罩、机翼、尾翼前缘、挡风玻璃、起落架等部件,如图 6.14 所示。根据以往的统计数据,鸟击部位前三位的是发动机、雷达罩、机翼。飞鸟撞击到不同的部位,都会对飞机的运行造成不同的影响。

(1)发动机。飞鸟一旦被吸入发动机,可能造成发动机气流变形、阻塞、打坏发动机叶片等,然后可能导致发动机失效,引发重大事故。2009 年 1 月 15 日,全美航空 1549 号班机空客 A320 在起飞后 90 s 攀升到 3200 ft(975.36 m)后,因鸟击导致双发失效,机长萨利决定避开人烟稠密地区,成功迫降在哈德逊河上,机上人员全数生还。

(2)机翼。飞鸟如果撞到机翼上,会破坏翼型,影响飞机升力。

(3)挡风玻璃。飞鸟撞到挡风玻璃上,一方面会影响驾驶员视野,另一方面会导致挡风玻璃破碎,带来客舱失压、驾驶舱温度骤降等一系列问题。

(4)雷达罩。如果飞鸟撞击雷达罩,造成雷达罩破损,可能会增加飞行阻力,严重的可能会破坏雷达设施。

(5)起落架。如果飞鸟撞击起落架,会导致起落架无法正常收放,飞机无法正常着陆、滑行。

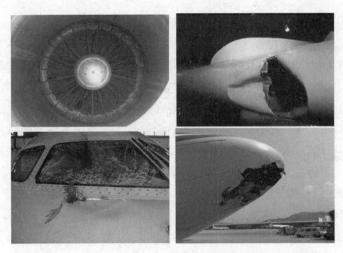

图 6.14　飞鸟撞击飞机各部位

6.4.2　机场鸟击防范的方法

为了减少鸟击对飞机安全运行的影响，机场从组织管理层面、基础研究层面、技术措施层面采取了各种各样的方法，同时生态驱鸟的方法已经得到越来越多机场的使用和青睐。

1. 机场组织管理方面

机场管理机构成立了鸟害防治工作领导小组，成员一般由机场领导、机场管理、安全监察、公安部门及空中交通管理部门的人员组成。工作小组的主要职责包括：①制定机场鸟击防范实施方案；②制定鸟情巡视制度、鸟害报告制度、驱鸟枪支及其他驱鸟设备的使用管理和维护章程；③做好鸟害防治工作的宣传；④定期召开鸟害防治工作会议，安排鸟害防治工作；⑤配合有关部门做好鸟击事故的调查、处理。

2. 做好基础研究工作

基础研究是指为了获得关于现象和可观察事实的基本原理的新知识（揭示客观事物的本质、运动规律，获得新发现、新学说）而进行的实验性或理论性研究，它不以任何专门或特定的应用或使用为目的。通过基础研究，了解鸟类的生活环境，掌握鸟类的分布情况及活动规律，为鸟害防治工作提供依据。基础研究工作主要包括：①掌握机场内及其附近地区的生态环境。如果周边有鸟类的栖息地，那么要设法转移或破坏鸟的遮蔽环境、切断鸟的食物来源；②调查机场内及周边地区鸟的数量和种类；③根据数量和种类及习性，确定重点防范对象；④掌握重点防范对象的分布区域及活动规律；⑤绘制鸟类活动平面图。该图至少包括机场净空障碍物限制面的锥形面外边所包含的范围，并反映出垃圾场、饲养场、屠宰场、农作物、灌木林、沟塘、鸟的筑巢地、觅食地、飞行路线、飞行高度、出没时间等；⑥绘制驱鸟设备布置图。

3. 利用技术措施实施驱鸟

机场在进行驱鸟时，如果仅靠一种单一的方法驱鸟，效果不会很明显。为了改善驱鸟工作的成效，机场一般会采用以下多种方法组合驱鸟。

1）惊吓

惊吓分为听觉惊吓和视觉惊吓。听觉惊吓是通过发出恐怖的声音将鸟驱走，如驱鸟车（带有驱鸟炮）、煤气炮、霰弹枪等；视觉惊吓是通过设置一些鸟类害怕的形象将鸟驱走，除了传统的鹰模型、稻草人、鹰眼面具等，现在还出现了一些智慧驱鸟装置，如激光驱鸟器、全向声波驱鸟仪、超音波雷音炮、遥控航模等。很多情况下两种惊吓是同时使用的。例如，北京首都机场在国内率先使用经过训练的鹰隼驱鸟，可达到有效的驱鸟效果；还有于 2018 年 1 月 4 日因前列腺癌去世的美国密歇根机场的网红驱鸟边境牧羊犬 Piper 等。目前还有一些比较先进的方法，如采用激光恫吓，如手持式激光照射枪、范围型光束枪等。

2）设置障碍物

设置障碍物是指在鸟的筑巢地、水域或者是食物上设置障碍，破坏鸟类的生存环境，减少鸟类的栖息、觅食，进而减少对鸟的吸引。

3）诱杀

诱杀是指使用化学试剂诱杀鸟类或者消除鸟类的食物源，如杀虫剂、除草剂等，对于一些数量特别多，且并非完全有益的鸟类，可以采用绝育剂。

4）人工捕捉

为了减少因诱杀鸟类而导致生态环境被破坏，可以采用人工捕捉的方法，如设置捕鸟网等。

机场常见的驱鸟装置如图 6.15 所示。

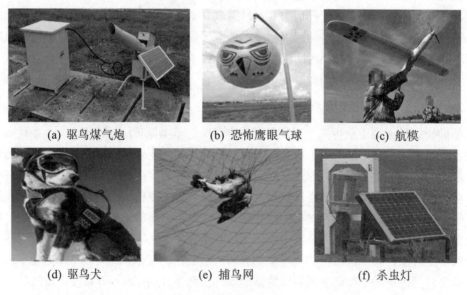

(a) 驱鸟煤气炮　　(b) 恐怖鹰眼气球　　(c) 航模

(d) 驱鸟犬　　(e) 捕鸟网　　(f) 杀虫灯

图 6.15　各种驱鸟装置

4. 生态驱鸟

为了践行习近平总书记提出的"绿水青山就是金山银山"的发展理念，保护人类赖以生存的生态环境,现在国内外机场都在尝试生态驱鸟的方式,即在减少鸟类对飞行安全影响的同时做到保护生态环境。

早在 2003 年,上海浦东机场就已经开始探索生态驱鸟的方法。上海浦东机场在东海之滨,原来是一块湿地,位于我国鸟类迁徙的主要路线上,周边有大量的滩涂、芦苇、淤泥地,特别是丰富的底栖生物,为鸟类的觅食、繁衍和栖息提供了良好的环境。最初,机场人员尝试过各种打鸟、驱鸟的方法,但是效果都不太理想。为了有效预防鸟击,机场管理者通过请教植物和动物学专家,专门在离机场不远的九段沙湿地上,根据鸟情有针对性地建立了鸟类自然保护区,成功吸引了原来栖息于浦东机场的大量鸟类,显著减少了该机场的鸟击事故发生率,同时在 2010 年,该项目被联合国授予"环境友好型城市示范项目"。

除了改变鸟类的栖息环境外,还可以通过切断鸟类食物链的方法进行生态驱鸟。无锡硕放机场通过种植一些不生虫、不结籽的生态草种,如麦冬、柠檬草、狗牙根、芍药、十香菜等,来切断鸟类的食物来源,从而减少鸟类在机场的聚集。

无独有偶,新疆伊宁机场在飞行区内种植的薰衣草已经成为了亚洲单体连片最大的薰衣草基地。通过这种方式,不仅减少了鸟类的聚集,降低了鸟击航空器的风险,还吸引了众多慕名而来的游客,薰衣草机场产生的生态效益及经济效益也带动了伊宁市经济的发展,可谓是一举三得。

6.4.3 机场无关人员及动物防范

除了鸟类外,影响机场净空环境的还包括机场无关人员和野生小动物等。近年来,机场无关人员和野生小动物入侵机场的案例也层出不穷。

1. 无关人员侵入

2004 年 11 月 11 日,两名儿童溜进昆明机场并爬上某航空公司一架飞往重庆的班机,隐藏在起落舱中。飞机起飞时其中一人不幸摔下死亡,另外一个小孩被"空降"到了重庆江北国际机场。

2011 年 5 月 6 日上午,一名男子要强行冲进武汉天河机场围界 4 号道口,被机场安检人员拦截,未造成安全事故。经机场安检和机场公安查实,该男子为精神病患者。

类似的案例也经常发生,归纳起来,侵入机场的无关人员主要是一些对航空器充满好奇但经济能力有限的人群、精神疾病患者、儿童等,他们的行为一方面对民航安全产生了冲击,另一方面也是对自身人身安全的不负责任。

2. 动物侵入

由上文驱鸟的方法可知,很多机场会采用捕鸟网的方法捕鸟,但是这种方法也会带来另外一个问题,就是捕鸟网上鸟的尸体会吸引一些非鸟类野生动物进入飞行区内进行觅食,这就使得野生动物入侵问题更加棘手。

例如,美国纽约肯尼迪机场经常因为有乌龟"入侵"跑道,导致航班延误。

为防止机场无关人员和野生小动物从飞行区外通过围界漏洞进入飞行区内，机场应使用密孔铁丝网对钢制围界进行加密，并对原有铁丝网和土基进行检查、加固、修补；此外，要及时清理挂在捕鸟网上的鸟类尸体；在土质区撒布鼠药、布置捕鼠夹，消灭老鼠，防止狐狸、黄鼠狼等动物进入飞行区内进行捕食。

6.5 电磁环境管理

为了保证飞机能够在复杂气象条件下安全的起飞、滑行、着陆，机场配备有各种通信导航设备和空中交通管制设备。这些设备通过无线电波与航空器上的机载设备进行各类信息的传递与交互，因此，对机场的电磁环境要求较高。比如，在机场广泛使用的仪表着陆系统（ILS）中，其下滑仪天线和航向台信号就极有可能受到周边固定、移动物体的干扰而影响导航精度，严重时可能造成航空事故。因此，机场电磁环境的保护对航空器的安全运行有至关重要的作用。

机场电磁环境保护区域包括设置在机场总体规划区域内的民用航空无线电台（站）电磁环境保护区和机场飞行区电磁环境保护区域。机场电磁环境保护区域由民航地区管理局配合机场所在地的地方无线电管理机构按照国家有关规定或者标准共同划定、调整，当该区域发生变化时，机场管理机构应当及时将最新的机场电磁环境保护区域上报当地政府有关部门进行备案。

民用航空无线电台（站）电磁环境保护区域，是指按照国家有关规定、标准或者技术规范划定的地域和空间范围。

机场飞行区电磁环境保护区域，是指影响民用航空器运行安全的机场电磁环境区域，即机场管制地带内从地表面向上的空间范围。

机场周边电磁环境的保护与管理应满足下面的要求。

（1）在机场飞行区电磁环境保护区域内设置工业、科技、医疗设施，修建电气化铁路、高压输电线路等设施不得干扰机场飞行区电磁环境。

（2）机场管理机构应当建立机场电磁环境保护区巡检制度，发现下列有影响航空电磁环境的行为发生时应当立即报告民航地区管理局。

①修建可能影响航空电磁环境的高压输电线、架空金属线、铁路（电气化铁路）、公路、无线电发射设备试验发射场；

②存放金属堆积物；

③种植高大植物；

④掘土、采砂、采石等改变地形地貌的活动；

⑤修建其他可能影响机场电磁环境的建筑物或者设施以及进行可能影响航空电磁环境的活动。

（3）当机场管理机构发现机场电磁环境保护区域内民用航空无线电台（站）频率受到干扰时，应当立即报告民航地区管理局。

即测即练

扫描此码

自学自测

第 7 章

机场道面强度通报和超载限制

机场跑道是指经修整供航空器着陆和起飞而划定的一块长方形场地，跑道长期承载飞机起飞、降落、滑行的载荷。因此，对道面的强度必须有一定的要求，才能承受住飞机的载荷，否则，道面会因为强度不够而发生过大的应力和变形，严重时会带来各种道面病害，影响跑道的正常使用。为了航空器运行安全起见，也为了更好维护和管理道面，机场当局应对道面承载强度进行技术评定、划分等级并予以通报。

7.1 ACN-PCN 方法

7.1.1 ACN-PCN 法

机场道面强度必须与在其上运行的航空器的载荷相适应，如果道面强度不能承载在其上运行的航空器的载荷，那么道面会遭到破坏。

国内外通报机场道面强度的方法有多种，有的用飞机的总质量，有的用一个主起落架上的质量，有的用当量单轮荷载法，有的用荷载等级号码等。但是由于各国采用的标准不统一，国际民航组织于 1981 年颁布了标准化机场道面等级系统，即 ACN-PCN 法，要求各成员国从 1983 年起必须用 ACN-PCN 法通报最大起飞质量大于 5700 kg 的飞机使用的道面强度。

通过比较 ACN 与 PCN 的大小，判断道面是否可以使用。如果 ACN 值小于或等于 PCN 值，说明道面可以不加限制地使用；如果飞机的 ACN 值大于道面 PCN 值，则表示飞机超载，飞机的运行将受到限制（减轻重量和/或使用频率）或禁止。

7.1.2 PCN 和 ACN 的确定

1. PCN 的确定

道面强度用道面等级序号（pavement classification number，PCN）来表征。PCN 值表示道面可无数次安全承受的标准单轮载荷（吨）的两倍。一般以整数通报，如果是小数需四舍五入为整数，对于各地段强度不同的道面，应通报道面最薄弱部分的 PCN 数值作为该道面的强度。因此，机场飞行区管理部需将道面强度数据递交给民航局和安全监督管理局，经审核通过后予以对外公布。

2. ACN 的确定

飞机等级序号（aircraft classification number，ACN）表示一架飞机对某种强度土基上道面作用的标准单轮荷载（吨）的两倍。由于道面类型、土基强度、飞机的实际重量不同，一种给定的飞机机型一般有多个 ACN 值。ACN 值可以通过查询飞机制造商官网机型文件获得，表 7.1 是几种常见机型在不同道面类型、载重量、土基强度类型条件下对应的 ACN 值。

表 7.1 常见机型在刚性道面和柔性道面上的 ACN 值

机 型	质量 最大/最小/kg	胎压/MPa	柔性道面土基 CBR				刚性道面基层顶面 k/(MN/m³)			
			A	B	C	D	A	B	C	D
A310-300	168265	1.29	44	49	60	77	44	53	63	72
	118877		28	31	36	48	28	33	39	45
A319-100	76900	1.38	39	41	45	51	44	47	49	51
	41000		19	19	21	24	21	22	24	25
A320-200	78400	1.44	41	43	47	53	47	49	52	54
	42000		20	20	22	25	22	24	25	26
A321-200	93900	1.50	53	56	61	67	61	63	66	69
	47000		24	24	26	30	27	28	30	31
A330-300	242900	1.49	60	65	76	103	57	66	78	90
	125000		27	28	31	38	29	28	32	37
A330-900	251900	1.56	64	69	80	108	61	70	83	96
	135000		31	33	36	45	32	33	38	43
A340-300	277551	1.42	57	62	71	96	53	61	72	84
	130000		28	29	32	40	29	29	33	38
A350-900	280900	1.71	69	73	83	115	66	74	87	100
	140000		30	31	33	40	32	33	35	40
A380-800	577000	1.5	60	65	77	105	58	68	80	93
	300000		27	28	31	40	27	29	33	38
B737-300	63503	1.38	33	35	39	43	38	40	42	43
	32904		15	16	17	20	17	18	19	20
B747-300, 300M, 300SR	379591	1.31	55	62	76	98	50	60	71	82
	179591		22	23	26	34	19	22	25	30
B757-300	122448	1.24	36	41	51	64	35	42	49	56
	65306		16	17	20	27	15	17	21	24
B767-300ER/B 767-300f	187334	1.38	42	46	55	75	40	47	57	66
	89811		19	20	22	29	18	20	24	28
B777-300	300278	1.48	53	59	72	100	54	68	88	108
	159150		23	25	28	38	26	27	33	41
B777-300ER	352441	1.52	64	71	89	120	66	85	109	131
	167829		24	25	29	40	27	28	34	43
B787-10	254692	1.56	67	74	89	119	66	77	91	105
	113398		25	26	29	36	26	27	31	35

注：表中数据源自《民用机场飞行区技术标准》（MH5001—2021）。

表 7.1 只列出了各机型的最大重量和最小重量状态下所对应的 ACN 值。当飞机实际重量介于二者之间任意数值时，则无法通过查表直接获得 ACN 数值，可以用插值法求出对应的 ACN 值，计算公式如下：

$$ACN_{实际} = ACN_{最大} - \frac{W_{最大} - W_{实际}}{W_{最大} - W_{最小}} \times (ACN_{最大} - ACN_{最小})$$

其中，W 为航空器重量。

7.1.3 道面强度通报格式

1. 机坪质量超过 5700 kg 的飞机使用道面的强度通报

当道面供机坪质量大于 5700kg 的飞机使用时，其承载强度应采用 ACN-PCN 方法评价，包括下列内容：PCN 值、确定 ACN-PCN 的道面类型、基层顶面反应模量或道基顶面强度、最大允许胎压类型、评价方法，并采用下列代号。

道面强度通报格式为：PCN 值/道面类型/土基强度类型/最大允许胎压类型/评定方法。报告中各参数的含义及表示方法见表 7.2。

表 7.2 ACN-PCN 方法报告道面强度的分类及代号

	分 类		代号	备 注
1	道面类型	刚性道面	R	若道面结构是复合的或非标准类型时，应加以注解
		柔性道面	F	
2	基础强度类型	高强度	A	刚性道面基层顶面 $K = 150$ MN/m³，代表大于 120 MN/m³ 的 K 值；柔性道面道基顶面 CBR=15，代表大于 13 的 CBR 值
		中强度	B	刚性道面基层顶面 $K = 80$ MN/m³，代表 60 MN/m³~120 MN/m³ 范围的 K 值；柔性道面道基顶面 CBR=10，代表 8~13 范围的 CBR 值
		低强度	C	刚性道面基层顶面 $K = 40$ MN/m³，代表 25 MN/m³~60 MN/m³ 范围的 K 值；柔性道面道基顶面 CBR = 6，代表 4~8 范围的 CBR 值
		特低强度	D	刚性道面基层顶面 $K = 20$ MN/m³，代表小于 25 MN/m³ 的 K 值；柔性道面道基顶面 CBR = 3，代表小于 4 的 CBR 值
3	最大允许胎压类型	胎压无限制	W	胎压无限制
		高	X	胎压上限至 1.75 MPa
		中	Y	胎压上限至 1.25 MPa
		低	Z	胎压上限至 0.5 MPa
4	评定方法	技术评定	T	表示对道面特性进行检测评定或理论评定
		经验评定	U	表示对道面特性依据使用经验评定

注：表中数据源自《民用机场飞行区技术标准》(MH5001—2021)。

下面举例说明如何用 ACN-PCN 法通报道面强度。

例 1：如设置在中强度土基上的刚性道面的承载强度，用技术评定法评定道面等级序号为80,无胎压限制,则其报告资料为PCN80/R/B/W/T。

例2:如设置在高强度土基上的性质类似柔性道面的组合道面的承载强度,用飞机经验评定法评定的道面等级序号为50,最大允许胎压为1.25 MPa,则其报告资料为:PCN50/F/A/Y/U。

例3:如设置在中强度土基上的柔性道面的承载强度,用技术评定法评定的道面等级序号为40,最大允许胎压为0.80 MPa,则其报告资料为:PCN 40/F/B/0.80 MPa/T。

例4:如道面承受一架起飞质量为390000 kg的波音747-400,则其报告资料包括报告的道面等级序号为承受一架波音747-400起飞质量限制为390000 kg。

2. 机坪质量小于或等于5700 kg的飞机使用的道面的强度通报

对拟供机坪质量等于或小于5700 kg的飞机使用的道面的承载强度应报告下列资料。

(1)最大允许的飞机质量;

(2)最大允许的胎压。

例5:4 000 kg/0.50 MPa。

7.2 ACR-PCR方法

7.2.1 ACR-PCR方法的发展

ACN-PCN方法最初是在20世纪30年代末至40年代开发出来的,主要针对刚性道面和柔性道面,而且该方法存在很多不足,如无法准确考虑复杂的起落架构型、无法适用道面新材料的特性、无法考虑起落架作用在道面上横向位置的偏移分量以及对PCN数值的计算缺乏统一的指导。因此,ACN-PCN方法无法适应现代道面等级评价,迫切需要一种新的道面等级评价方法来替代ACN-PCN法。

在这种背景下,国际民航组织机场道面专家组(ICAO Airfield Pavement Expert Group,APEG)于2012年开始使用新的道面设计技术来修订ACN-PCN方法,于是经过开发、ICAO审查和通过、生效等一系列流程,国际民航组织宣布将于2024年11月28日正式启用新的道面等级评价系统,即ACR-PCR方法。

为确保我国民航飞行安全不受影响,实现平稳过渡。2024年2月22日,中国民航局召开机场道面强度报告格式调整应对工作领导小组第一次会议,审议《机场道面强度报告格式调整应对领导小组工作方案》,部署推进相关工作;2024年3月12日,民航局又召开会议,组织全国运输机场进行道面PCR数据测算,按时间节点完成航空情报资料、机场使用手册、运输机场使用许可证等相关资料更新。民航局规定PCR主要任务时间节点见表7.3。

在ACR-PCR系统下,道面能够支持ACR值等于或小于道面PCR的航空器,即当ACR≤PCR,航空器可以不受限制的运行;当ACR>PCR,航空器受限制运行(限制运行重量和/或频率)。

表 7.3　PCR 主要任务时间节点

序号	时间	任务
1	2024.01.31	PCR 计算软件开发，各机型 ACR 数据收集
2	2024.03.31	调查计算典型机场 PCR 数据，发布机场道面强度评价方法变更航空资料通告
3	2024.06.30	完成国内全部运输机场道面 PCR 数据测算
4	2024.08.31	全部运输机场道面 PCR 原始数据提交
5	2024.09.20	完成 PCR 相关标准修订
6	2024.09.30	修改全国运输机场使用许可证和使用手册
7	2024.10.31	完成航空资料和航行通告的发布

7.2.2　ACR-PCR 方法简介

ACR、PCR 的定义以及 ACR 和 PCR 方法报告道面强度的分类、代号具体参见《民用机场飞行区技术标准》（MH5001—2021）第一修订案，如表 7-4 所示。

1. ACR

航空器分类等级（aircraft classification rating，ACR），表示给定配置的航空器对指定标准路基强度的道面结构相对影响的一个数字。

ACR 一般由航空器制造商提供，制造商提供的航空器 ACR 里只有固定重心下的最大和最小质量所对应的 ACR。ICAO 提供了专门的计算程序 ICAO-ACR 以计算飞机任意质量和重心下的 ACR。

2. PCR

道面分类等级（pavement classification rating，PCR），表示不受限制运行情况下道面承受能力的数字。

PCR 的计算可采用技术评定法或经验评定法。技术评定法是指根据交通量和道面结构参数采用疲劳损伤累积原则确定 PCR 的方法；经验评定法指根据已有道面在各类飞机作用下的使用情况确定 PCR 的方法。道面结构和飞机荷载是道面承受能力的两个方面，若将道面结构的 PCR 看成原因，那么飞机荷载 ACR 就是结果。技术评定法就是分析道面结构能够承受多大荷载，遵循的是由因溯果的思路；经验评定法从道面上运行的飞机荷载出发，倒推道面结构有多大承载力，遵循的是由果溯因的思路。ICAO 规定只要条件许可，应使用技术评定法，只有当缺乏有关的交通量和道面结构资料时才能使用经验评定法。

7.2.3　ACR-PCR 报告格式

1. 机坪质量超过 5700 kg 的飞机使用道面的强度通报

ACR-PCR 的格式中除道面等级号外，还包括以下信息：道面结构类型、道基强度类型、最大允许胎压类型或允许胎压值、评定方法。

ACR-PCR 报告格式为：PCR 数值/道面结构类型/道基强度类型/胎压类型/评定方法。

下面举例说明如何用 ACR-PCR 法通报道面强度。

例 1：如设置在中强度道基上的刚性道面的承载强度，用技术评定法评定的道面分类等级为 760，无胎压限制，则其报告资料当为：PCR 760/R/B/W/T。

例 2：如设置在高强度道基上的性质类似柔性道面的复合道面的承载强度，用航空器经验评定法评定的道面分类等级为 550，最大允许胎压为 1.25 MPa，则其报告资料应当为 PCR550/F/A/Y/U。注：组合结构。

2. 机坪质量小于或等于 5700 kg 的飞机使用的道面的强度通报

对拟供机坪质量等于或小于 5700 kg 的飞机使用的道面的承载强度应报告下列信息：①最大允许的飞机质量；②最大允许的胎压。

表 7.4　ACR 和 PCR 方法报告道面强度的分类及代号

	分　类		代号	备　注
1	道面类型	刚性道面	R	若道面结构是复合的或非标准类型时，应加以注解
		柔性道面	F	
2	道基强度类型	高强度	A	弹性模量 E = 200 MPa，代表大于 150 MPa 的 E 值
		中强度	B	弹性模量 E = 120 MPa，代表 100 MPa～150 MPa 的 E 值
		低强度	C	弹性模量 E = 80 MPa，代表 60 MPa～100 MPa 之间的 E 值
		特低强度	D	弹性模量 E = 50 MPa，代表低于 60 MPa 的 E 值。
3	最大允许胎压类型	胎压无限制	W	胎压无限制
		高	X	胎压上限至 1.75 MPa
		中	Y	胎压上限至 1.25 MPa
		低	Z	胎压上限至 0.5 MPa
4	评定方法	技术评定	T	表示对道面特性进行检测评定或理论评定
		经验评定	U	表示对道面特性依据使用经验评定

注：表中数据源自《民用机场飞行区技术标准》（MH5001—2021）第一修订案。

如果道面类型为刚性道面上加铺沥青混凝土的复合式道面，应按刚性道面对待；

在确定最大允许胎压类型时，如果是刚性道面和新建柔性道面的允许胎压可无限制；刚性道面和质量较好的柔性道面能够承受无限制的胎压，质量较差的柔性道面应限制胎压；若道面没有发生明显病害，则所能承受的胎压类别可根据它所承受的最大胎压（运行频率不宜过低）来判定。

7.3　机场道面超载限制要求

如果航空器的载荷过大或道面的使用次数过多，或同时发生以上两种情况时，都会导致道面超载。长期的道面超载一方面会破坏道面结构，缩短跑道使用寿命；另一方面破损的跑道会反作用于在其上运行的航空器，使旅客产生不舒适感甚至带来严重航空事故。但是，偶尔的道面超载是允许的，只会略微减少道面的使用寿命，对道面破坏也仅有相对较小的加速作用。

7.3.1 当使用 ACN-PCN 方法超载运行

当 ACN 大于 PCN 时，必须同时满足以下三个条件，才允许道面有限制的超载运行。

（1）道面没有呈现破坏迹象，其间土基强度未显著减弱。

（2）对柔性道面而言，ACN 值不超过 PCN 值的 110%；对刚性道面或以刚性道面为主的复合道面而言，ACN 值不超过 PCN 值的 105%。

（3）年超载运行的次数不超过设计年总运行次数的 5%。

7.3.2 当使用 ACR-PCR 方法超载运行

在《民用机场飞行区技术标准（第一修订案）》（MH5001—2021）中，当 ACR≤PCR 时，可在规定胎压和飞机的最大起飞质量的条件下使用该道面。如果道面强度受季节性影响有明显变化时，应相应确定不同的 PCR。

当 ACR＞PCR 时，在满足下列条件下可有限制地超载运行。

（1）道面没有呈现破坏迹象，其间道基强度未显著减弱。

（2）柔性道面的 ACR 值应不超过道面 PCR 值的 110%；刚性道面或以刚性道面为主的复合道面的 ACR 值宜不超过道面 PCR 值的 105%，对 ACR 值超过道面 PCR 值的 105% 且不到 110% 的刚性道面或以刚性道面为主的复合道面，应进行专门的超载评估。

（3）年超载运行的次数不超过设计年总运行次数的 5%。

即测即练

自学自测　扫描此码

第 8 章

飞行区日常检查与维护

8.1 飞行区设施设备维护要求

为了保证航空器的运行安全,机场管理机构应当确保跑道、滑行道和机坪的道面、升降带及跑道端安全区、围界、巡场路和排水设施等始终处于适用状态。

8.1.1 跑道、滑行道道面要求

1. 道面平整度要求

机场跑道道面必须完整、平坦。水泥混凝土道面 3 m 范围内的高差不得大于 10 mm,板块接缝错台不得大于 5 mm,沥青混凝土道面 3 m 范围内的高差不得大于 15 mm。

2. 道面修复要求

(1)当水泥混凝土道面出现松散、剥落、断裂、破损等现象,或者沥青混凝土道面出现轮辙、裂缝、坑洞、鼓包、泛油等破损现象时,应当在发现后 24 小时内予以修补或者处理。

(2)机场管理机构应当至少每 5 年对跑道、滑行道和机坪道面状况进行一次综合评价。当发现跑道、滑行道和机坪道面破损加剧时,应当及时对道面进行综合评价。机场管理机构应当按照评价报告的建议,及时采取防范措施。

(3)道面的嵌缝料应当与道面黏结牢固,保持弹性,能防止雨水渗入。当不能满足性能要求时,应当及时修补或者更换。

3. 道面清洁要求

(1)道面应当时刻保持清洁。当道面上有泥浆、污物、砂子、松散颗粒、垃圾、燃油、润滑油及其他污物时,应当立即清除。用化学物清洁道面时,应当符合国家环境保护的有关规定,并不得对道面造成损害。

(2)当航空器被道面异物损伤后,航空器营运人应当及时向机场管理机构通报情况。

(3)当跑道表面摩擦系数低于规定的维护规划值时,应当及时清除道面的橡胶,或采取其他改善措施。

8.1.2 土面区、升降带及跑道端安全区要求

1. 土面区要求

(1)与道面边缘相接的土面,不得高于道面边缘,并且不得低于道面边缘 3 cm。

（2）飞行区土面区尽可能植草，固定土面。飞行区内草高一般不应超过30 cm，并且不得遮挡助航灯光和标记牌。植草应当选择不易吸引鸟类和其他野生动物的种类。割下的草应当尽快清除出飞行区，临时存放在飞行区的草，不得存放在跑道、滑行道的道肩外15 m范围内。

2. 升降带及跑道端安全区要求

（1）在升降带平整区内，用3 m的直尺测量，高差不得大于5 cm，并不应有积水和反坡。

（2）在升降带平整区和跑道端安全地区内，除航行所需的助航设备或装置外，不得有凸出于土面、对偏出跑道的航空器造成损害的物体和障碍物。航行所需的助航设备或装置应当为易折件，并满足易折性的有关要求。

（3）升降带平整区和跑道端安全地区内的混凝土、石砌及金属基座、各类井体及井盖等，除非功能需要，应当埋到土面以下30 cm深。

（4）升降带平整区和跑道端安全地区的土质密实度不得低于87%（重型击实法）。对升降带平整区和跑道端安全地区的碾压和密实度测试，每年不得少于2次。

（5）除非经空中交通管理部门特别许可，跑道开放使用期间，跑道中心线两侧75 m、导航设备的敏感区和临界区以及跑道端安全地区范围内，严禁从事飞行区割草、碾压等维护工作。

8.1.3 围界、巡场路及排水设施等要求

1. 飞行区围界要求

飞行区围界应当完好，具备防钻、防攀爬功能，能有效防止动物和无关人员进入飞行区。当围界破损后应当及时修复，在破损部位修复前应当采取有效的安全措施。

2. 巡场路及排水设施要求

（1）巡场路路面应当完整、平坦、通畅、无积水。破损时，应当及时修补。

（2）飞行区内排水系统应当保持完好、畅通。积水、淤塞、漏水、破损时，应当及时疏通和修缮。

（3）强制式排水设施应当保持适用状态；渗水系统应当保持完好、通畅；位于冰冻地区的机场，冰冻期的排水沟内不得有大量积水。

8.2 道面巡视检查与保洁

2000年7月25日，一架从巴黎戴高乐机场飞往纽约的法国航空4590号协和式飞机起飞后不久，被跑道上一个由另一架客机发动机跌出的长条形金属部件划破轮胎，轮胎的碎片正好打到油箱，导致大量燃油泄漏，发动机起火，飞机坠毁，机上100名乘客和9名机组人员全部罹难，并造成地面4人死亡。

上述案例仅仅是一起由道面外来物引发的民航事故，类似的案例还有很多。道面上经

常会存在由于道面破损带来的小石子、航空器上散落的零部件以及其他硬质杂物,这些杂物一方面可能卷到航空器发动机中打坏发动机叶片,另一方面可能被发动机尾喷气流吹袭而打到航空器的其他部位、其他航空器、人或车辆上。因此,机场需要定期做好道面巡视检查与保洁工作。

8.2.1 道面巡视检查

对铺筑面的每日检查应当包括:道面清洁情况,如有无外来物等;道面损坏情况;雨后道面与相邻土面区的高差;灯具的损坏情况;道面标志的清晰程度;井盖的完好情况与密合程度。由于跑滑系统在飞行区中占有重要地位,因此,此处仅介绍对跑道及滑行道道面的巡视检查。

1. 巡视检查内容

1)道面是否有外来物

《运输机场外来物防范管理办法》(AP-140-CA-2022-05)中,对外来物是这样定义的:在机场活动区内无运行或者航空功能,并可能构成航空器运行危险的无生命的物体。按照对航空器的危险程度分为 A 类 FOD(如车辆零件、金属工具、油箱盖、开口销、灯具零件、水泥碎块、螺栓等)、B 类 FOD(如捆扎带、玻璃纤维板等)、C 类 FOD(如标签纸、道面填缝料、塑料饮料瓶等)。这些外来物可能来源于:机坪上运输行李、货物的车辆上遗落的杂物;航空器维修人员维修航空器时掉落的零件、工具;航空器起降过程中掉落的零部件;道面破损脱落的石块;不停航施工带来的施工材料、废弃物等。

2)道面是否有损坏

在道面的使用过程中,由于设计不合理、施工质量不达标、使用不当、维护不当,再加上长时间风吹日晒,道面极易出现病害。水泥混凝土道面常见的道面病害问题有掉边、掉角、断裂、翘曲、下沉、错台、裂缝、沉陷、胀裂、嵌缝料老化等;沥青混凝土道面常见的病害有:龟裂、拥包、波浪、坑槽、泛油、表皮磨光、局部下沉、油污腐蚀、唧泥、老化破碎等,如图 8.1 所示。道面病害的出现,一方面降低了道面的使用品质,另一方面破损的道面会带来航空器的颠簸以及旅客的不舒适感等一系列问题。

3)目视助航设施是否完好

各类标志物、标志线应当清晰有效,颜色正确;助航灯光系统和可供夜间使用的引导标记牌的光强、颜色、有效完好率、允许的失效时间,应当符合《民用机场飞行区技术标准》(MH5001—2021)的要求。由于道面长时间用于飞机起降、滑行,道面可能被燃油、轮胎熔化的橡胶所污染;此外,道面长期风吹日晒,标志油漆会脱落、模糊。机场飞行区内道面标志不清晰可能会造成航空器误滑或者人员、车辆误入跑道、滑行道。

因此,在下列条件下,机场管理机构应当对机场目视助航设施进行评估。

(1)每 3 年。

(2)新开航机场或机场启用新跑道、滑行道、机坪、机位前以及运行 3 个月内。

(3)机场发生航空器误滑、人员、车辆误入跑道、滑行道等事件时。

(4)机场管理机构接到飞行员、管制员、勤务保障作业人员反映滑行引导灯光、标志物、标志线、标记牌等指示不清,容易产生混淆或者影响运行效率时。

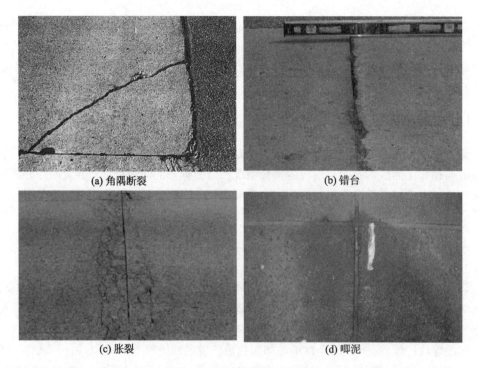

图 8.1 道面常见病害类型

2. 巡视检查频率

（1）跑道。机场管理机构应当在每日跑道开放使用前完成一次全面检查，对跑道全宽度表面状况进行详细检查；当每条跑道日着陆大于 15 架次时，还应当进行中间检查，并不应少于 3 次，中间检查时间根据航空器起降时段、频度等情况确定。当跑道道面损坏加剧或者雨后遇连续高温天气时，应当适当增加中间检查的次数。注意，在对跑道实施检查时，检查方向应当与航空器起飞或着陆的方向相反。

（2）滑行道、机坪、升降带、跑道端安全区、围界、巡场路等区域。每日应当至少对滑行道、机坪、升降带、跑道端安全区、飞行区围界、巡场路巡视检查一次。应当建立机坪每日动态巡查制度，及时清除外来物，对机坪每周至少全面清扫一次。

此外，在跑道、滑行道或其附近区域进行不停航施工，施工车辆、人员需要通过正在对航空器开放使用的道面时，应当增加道面检查次数；雨后应当对升降带和跑道端安全地区进行检查，对积水、冲沟应当予以标记，并及时处理；当出现大风及其他不利气候条件时，应当增加对飞行区的巡视检查次数，发现问题时应当及时处理。

3. 巡视检查方法

（1）乘车检查。巡视检查人员开车对道面进行巡视检查，乘车检查应当至少由两人共同实施，至少包含一名机场场务员，驾驶员负责驾驶车辆，控制车速既不能太快也不能太慢，一般不得大于 45 km/h；机场场务员负责检查道面有无外来物、是否清洁、目视助航设施是否完好。

在进行乘车检查时，为了检查得更全面，可以首先将跑道沿横向分成若干幅，然后从第一幅开始由跑道入口到跑道末端进行检查，其次再沿 S 形进行第二幅的检查，如此往复，直到检查完整个跑道宽度。外来物的尺寸一般是在 1 cm 左右，当能见度为 50 m，人的视力为 1.5，且无色盲的情况下，其能辨别出道面上 1 cm 左右的物体的距离 S 为 10 m～13 m。按照视角 90°考虑，每幅检查的宽度和需要检查的总幅数应为：每幅宽 $d=\sqrt{2}S=\sqrt{2}$（10 m～13 m）当 S=14.14 m～18.34 m，道面总宽度为 W 时，需检查的总幅数在 $N_1=\dfrac{W}{d}=\dfrac{W}{18.43}$ 与 $N_2=\dfrac{W}{d}=\dfrac{W}{14.14}$，如图 8.2 所示。

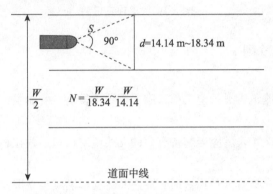

图 8.2　道面检查幅数与宽度的关系

（2）摄像头检查。是指每隔一定距离在道面边缘安装一个小摄像头进行检查，摄像头在道面一定范围内扫描，并把扫描的图像通过无线传输设备传输到计算机上，道面检查人员只需在室内查看计算机就可以对跑道道面状况进行监控、及时发现跑道上的外来物和道面损坏情况，如图 8.3 所示。

图 8.3　摄像头检查道面

（3）人工检查。人工检查是指沿着航空器起飞或着陆的反方向，每隔 1～2 块板分配一个人仔细检查，如图 8.4（a）所示。人工检查很重要，尤其是当道面上发生事故的时候，因此检查的时间和范围是不确定的。随着现代科学技术的不断发展，人工检查的工具也越来越现代化，如图 8.4（b）所示，利用现代化的工具可以大大缩短清扫时间，提高工作效率。

图 8.4 人工检查道面

4. 检查程序及规则

1）检查程序

检查人员在进入跑道、滑行道之前，应当直接报告塔台管制员，在得到塔台管制员的许可后，方可进入。

巡视检查期间，检查人员应当配备有效的无线电对讲机，并在相应的无线电波道上时刻保持守听。

当塔台管制员要求检查人员撤离时，检查人员及车辆应当立即撤离至管制员指定的位置，并不得进入升降带平整区、跑道端安全地区、导航设备的敏感区和临界区，待撤离后，要及时通知塔台。

巡视检查完成后，检查人员应当向塔台管制员报告飞行区场地情况，并将检查开始时间、结束时间、检查人员姓名、飞行区场地情况记录在检查日志中。

2）其他要求

巡视检查的车辆应当安装黄色旋转灯标，并在检查期间始终开启。

检查人员应当穿反光背心或外套。

未经塔台管制员许可，任何人员、车辆不得进入运行中的跑道、滑行道。

在实施机场低能见度程序运行时，不得对跑道、滑行道进行常规巡视检查。

在巡视检查中，发现航空器零件、轮胎碎片、灯具碎片和动物尸体等情况时，检查人员应当立即通知塔台管制员和机场运行管理部门，做好记录，并将该物体上交有关部门。

当发现以下情况时，检查人员应当立即通知塔台管制员停止该跑道的使用，并立即报告机场值班领导或相关部门，由相关人员按程序关闭跑道（或部分关闭跑道）和发布航行通告：跑道道面断裂，包括整块板或局部，并出现错台或局部松动的；跑道出现直径（长边）大于 12 cm 的掉块的；跑道出现直径（长边）小于 12 cm 的掉块，但深度大于 7 cm，或坡度大于 45°的破损的。

8.2.2 道面表面状况评估

跑道表面状况分为干跑道、湿跑道和污染跑道。机场管理机构应当及时开展跑道表面状况的评估和通报及污染物清除工作。

干跑道是指跑道正在或计划使用的长度和宽度范围内的表面区域内，其表面无可见湿气且未被压实的雪、干雪、湿雪、雪浆、霜、冰和积水等污染物污染。

湿跑道是指跑道正在或计划使用的长度和宽度范围内的表面区域内，覆盖有任何明显的湿气或不超过 3 mm 深的水。

污染跑道是指跑道正在或计划使用的长度和宽度范围内的表面区域内，有很大一部分（不管是否为孤立区域）都覆盖有压实的雪、干雪、湿雪、雪浆、霜、冰和积水等一种或多种污染物。

1．干跑道表面状况评估

干跑道表面状况评估可以采用跑道摩擦系数测试设备或目视方式评估。

1）跑道摩擦系数测试

机场管理机构应当定期对跑道摩擦系数进行测试，测试频率与跑道每日航空器着陆架次有关，见表 8.1。

表 8.1 干跑道表面状况评估频次要求

单条跑道日航空器着陆架次/次	测试频率
>210	不少于每周一次
151～210	不少于每两周一次
91～150	不少于每月一次
31～90	不少于每三个月一次
16～30	不少于每半年一次
≤15	不少于每年一次

注：表中数据源自中国民航局机场司《关于印发运输机场跑道表面状况评估和通报规则的通知》。

应当在跑道中心线两侧 3 m～5 m 范围内进行测试，且测试结果应当包括跑道每 1/3 段的数值。

跑道表面摩擦系数不得低于表 8.2 中规定的维护目标值。

表 8.2 新建或现有跑道的摩擦系数评价标准

测试仪器	测试轮胎		测试速度 /(km/h)	测试水深 /mm	新道面设计目标值	维护目标值	最小的摩阻值
	类型	压力/kPa					
（1）	（2）		（3）	（4）	（5）	（6）	（7）
Mu 仪拖车	A	70	65	1.0	0.72	0.52	0.42
	A	70	95	1.0	0.66	0.38	0.26
滑溜仪拖车	B	210	65	1.0	0.82	0.60	0.50
	B	210	95	1.0	0.74	0.47	0.34
表面摩阻测试车	B	210	65	1.0	0.82	0.60	0.50
	B	210	95	1.0	0.74	0.47	0.34
跑道摩阻测试车	B	210	65	1.0	0.82	0.60	0.50
	B	210	95	1.0	0.74	0.54	0.41

续表

测试仪器	测试轮胎		测试速度/(km/h)	测试水深/mm	新道面设计目标值	维护目标值	最小的摩阻值
	类型	压力/kPa					
（1）	（2）		（3）	（4）	（5）	（6）	（7）
TATRA摩阻测试车	B	210	65	1.0	0.76	0.57	0.48
	B	210	95	1.0	0.67	0.52	0.42
抗滑测试仪拖车	C	140	65	1.0	0.74	0.53	0.43
	C	140	95	1.0	0.64	0.36	0.24

注：表中数据源自《民用机场飞行区技术标准》（MH5001—2021）。

此外，《运输机场运行安全管理规定》第八十一条规定，当出现下列情况时，机场管理机构应当立即测试跑道摩擦系数。

（1）遇大雨或者跑道结冰、积雪。

（2）在跑道上施洒除冰液或颗粒。

（3）航空器偏出、冲出跑道。

当跑道上有积雪或者局部结冰时，如跑道摩擦系数低于0.30，应当关闭跑道。

机场管理机构应当使用经中国民航局认定的且经机场设备检验机构检验合格的跑道摩擦系数测试设备。《民用机场飞行区技术标准》（MH5001—2021）规定：跑道表面的摩阻特性宜使用有自湿装置的连续摩阻测试仪器进行测定。

连续摩阻测试仪包括表8.2中的类型，Mu仪拖车、滑溜仪拖车、表面摩阻测试车、跑道摩阻测试车、TATRA摩阻测试车、抗滑测试仪拖车，如图8.5所示。我国机场使用最多的跑道摩擦系数测试设备是表面摩阻测试车，其测试轮在车后轴附近。其测试原理如下：首先在车载的计算机内输入跑道名称、号码、测试跑道的长度；其次在水箱中加满水，开至跑道识别号码小的一端，从跑道中线右侧3 m开始；再次以95 km/h的速度行驶，行驶过程中，随车的计算机会不断显示剩余测程的长度和已测长度的跑道摩擦系数；最后当测

图8.5　跑道摩擦系数测试设备

量完成后，测试轮会立刻弹起。按照《国际民用航空公约》附件14《机场》（第九版）的规定，测试长度是分A、B、C三段的，每段测试需往返两次，两次取平均值，最后三段的平均值即是最终的测量值。

除了以上测试跑道摩擦系数的方法外，跑道摩擦系数的测量还可以借助摆式摩擦系数测定仪来进行测量。摆式摩擦系数测试仪是由英国政府机构——科学和工业研究部公路研究实验室研发的，其工作原理是能量守恒，即摆的位能损失等于安装于摆臂末端橡胶片滑过道面时，克服路面等摩擦所做的功，如图8.6所示。

图8.6 摆式摩擦系数测定仪

其测试步骤如下。①选点。在测试跑道道面上，沿飞机起飞方向，选择有代表性的5个测试点，每个测试点相距5 m～10 m。②将仪器进行调平、调零以及标定滑动长度。③测定。首先洗去道面上的泥浆，然后在道面洒水，此时按下释放开关，使摆在路面上滑过，指针即可指示出路面摩擦系数，第一次一般不作记录；当摆向右运动时，用左手接住摆杆，右手提起举升柄，并将摆向右运动，按下开关，使摆环进入释放开关，并将摆针拨至紧靠拨针片，重复测定5次，记录每次数值，5次数值相差不大于3个单位，如果差值大于3个单位，应检查原因，并再次重复上述各项操作，直至符合规定为止。④读数。每个测试点的摩擦系数值用5次测定读数的平均值代表，并用5个测试点的摩擦系数的平均值除以100，即为道面的摩擦系数。

2）目视方法评估

当机场没有配备跑道摩擦系数测定设备时，可以采用目视方法评估干跑道接地带区域表面橡胶沉积情况，具体估计表面摩擦系数，如表8.3所示。

表8.3 干跑道表面橡胶沉积目视评估方法

橡胶沉积等级	橡胶覆盖百分比/%	跑道接地带橡胶沉积情况	接地带150 m区段表面摩擦系数估计范围
非常轻微	<5	间断的积胶层，无积胶区域占95%以上	≥0.65
轻微	6～20	个别区域积胶层连片出现，无积胶区域占80%～94%	0.55～0.64
轻微至中等	21～40	中心线两侧6 m范围内积胶覆盖，无积胶区域占60%～79%	0.50～0.54
中等	41～60	中心线两侧12 m范围内积胶覆盖，无积胶区域占40%～59%	0.40～0.49

续表

橡胶沉积等级	橡胶覆盖百分比/%	跑道接地带橡胶沉积情况	接地带150 m区段表面摩擦系数估计范围
中等至密集	61~80	中心线两侧15 m范围内积胶覆盖，30%~69%区域道面表面橡胶硫化且黏结在道面上，无积胶区域占20%~39%	0.30~0.39
密集	81~95	70%~95%区域道面表面橡胶硫化且黏结在道面上，难于清除，橡胶呈光泽，无积胶区域占5%~19%	0.20~0.29
非常密	96~100	接地带道面表面橡胶完全硫化且黏结在道面上，很难清除，橡胶呈光泽，无积胶区域占0~4%	<0.19

注：表中数据源自中国民航局机场司《关于印发运输机场跑道表面状况评估和通报规则的通知》。

当接地带跑道中线两侧被橡胶覆盖80%左右，并且橡胶呈现光泽时，机场管理机构应当按照民航局的有关规范标准及时进行除胶。

2. 湿和污染跑道表面状况评估和通报

当全部或部分跑道表面有湿气、压实的雪、干雪、湿雪、雪浆、霜、冰或积水时，机场管理机构应当持续对跑道表面受污染情况进行评估，直到跑道表面不再受污染（每1/3段的污染物覆盖率小于10%）为止。在满足通报条件时，机场管理机构应当在评估完成后立即向管制单位通报跑道表面状况，并向航空情报单位提供相关原始资料，即为航空情报单位发布雪情通告提供原始资料。

1）跑道表面状况评估

机场管理机构应当按照《关于印发运输机场跑道表面状况评估和通报规则的通知》中规定的流程，根据污染物的种类、深度、覆盖范围和温度等因素对跑道表面状况进行评估，确定跑道状况代码见表8.4。

表8.4 跑道状况代码表

跑道状况代码	跑道表面状况说明
6	干
5	霜 湿（跑道表面覆盖有任何明显的湿气或深度不超过3 mm的水） 雪浆（深度不超过3 mm） 干雪（深度不超过3 mm） 湿雪（深度不超过3 mm）
4	压实的雪（外面气温-15℃或5℉及以下）
3	湿 压实的雪面上有干雪（任何深度） 压实的雪面上有湿雪（任何深度） 干雪（深度超过3 mm） 湿雪（深度超过3 mm） 压实的雪（外面气温-15℃或5℉及以下）
2	积水（深度超过3 mm） 雪浆（深度超过3 mm）
1	冰

续表

跑道状况代码	跑道表面状况说明
0	湿冰 压实的雪面上有水 冰面上有干雪或湿雪

注：表中数据源自《雪情通告编发规范》（AC-175-TM-2021-01）。

评估应采取目视方式进行。当跑道某 1/3 段内的表面观察到多种污染物时，应当选取对航空器运行最不利的污染物进行评估和通报，跑道污染物类型及表示方法见表 8.5。

表 8.5　跑道污染物类型及表示方法

污染物类型	表示方法	污染物类型	表示方法
压实的雪	COMPACTED SNOW	干雪	DRY SNOW
压实的雪面上有干雪	DRY SNOW ON TOP OF COMPACTED SNOW	冰面上有干雪	DRY SNOW ON TOP OF ICE
霜	FROST	冰	ICE
雪浆	SLUSH	积水	STANDING WATER
压实的雪面上有水	WATER ON TOP OF COMPACTED SNOW	湿	WET
湿冰	WET ICE	湿雪	WET SNOW
压实的雪面上有湿雪	WET SNOW ON TOP OF COMPACTED SNOW	冰面上有湿雪	WET SNOW ON TOP OF ICE
干，只在没有污染物时报告	DRY		

注：表中数据源自《雪情通告编发规范》（AC-175-TM-2021-01）。

污染物的深度可以通过直尺测量等方式确认，污染物深度报告的最低值及重大变化阈值见表 8.6。

表 8.6　污染物深度报告的最低值及重大变化阈值

污染物	报告的最低数值	重大变化阈值
积水	04	03
雪浆	03	03
湿雪	03	05
干雪	03	20

注：表中数据源自《雪情通告编发规范》（AC-175-TM-2021-01）。

污染物覆盖范围按所有污染物覆盖的区域测算，污染物覆盖范围百分比见表 8.7。

表 8.7　污染物覆盖百分比

观测的百分比/%	报告的百分比/%
<10	无
10～25	25
26～50	50
51～74	75
76～100	100

注：表中数据源自《雪情通告编发规范》（AC-175-TM-2021-01）。

2）跑道表面状况通报

当机场管理机构发现跑道表面状况发生以下变化时，应当向管制单位通报，同时向航空情报单位提供相关原始资料。

（1）污染物的种类发生变化；

（2）污染物的覆盖范围超过阈值；

（3）跑道状况代码发生改变；

（4）污染物的深度变化超过阈值：干雪大于 20 mm，湿雪大于 5 mm，雪浆或水大于 3 mm。

当跑道或其中一部分出现湿滑时，机场管理机构应当向管制单位通报跑道表面状况，并向航空情报单位提供相关原始资料；当跑道表面状况出现与积水、雪、雪浆、冰或霜无关的潮湿时，机场管理机构应当向管制单位通报跑道表面状况，但无须向航空情报单位提供相关原始资料。

当飞行机组发现必要的跑道标志或助航灯光被冰雪覆盖，不能提供所需的目视参考时，应当立即向管制单位通报，管制单位应当暂停航空器起降，并通知机场管理机构。机场管理机构应当关闭跑道，并立即向航空情报单位提供相关原始资料。

8.2.3　道面粗糙度和平整度

道面粗糙度和平整度是由道面自身状况决定的，而不是由外在的因素影响的。

1. 道面粗糙度的测量

1）粗糙度概念

道面粗糙度即表面纹理深度，指道面的表面构造，包括宏观构造（粗纹理）和微观构造（细纹理）。粗纹理是指道面表面外露集料之间的平均深度，用填砂法获得。细纹理是指集料自身表面的粗糙度，用磨光值来表示，磨光值越大，集料自身表面越粗糙。道面表面的纹理深度使道面表面在下雨时不会形成较厚的水膜，避免飞机出现"水上漂滑"现象。当飞机滑跑速度较慢时，道面表面的水还来不及从滚动的机轮下排出，一部分水被控制在集料表面的纹理之中，此时，细纹理对道面抗滑性起决定性作用；当飞机滑跑速度较快时，道面表面的水就会从粗纹理中排出，因此，粗纹理此时对道面抗滑性起决定性作用。很明显，飞机滑跑速度越高，为了迅速排出道面表面的水，所需要的纹理深度也越大。因此，在对道面进行设计和施工时，应当有效控制道面表面的纹理深度。

道面平均纹理深度的测量通常采用填砂法获得，其测量步骤如下。

（1）首先进行测试的混凝土板要干燥，扫去表面上的尘土和污物。

（2）在金属筒里装满干砂，并在混凝土板上墩 2~3 次，使干砂密实地填满金属筒，并将高出筒顶的干砂刮掉。

（3）将金属筒中的干砂倒在清扫干净的测试混凝土道面上，用贴有橡胶的平木盘面将干砂磨平，并尽可能摊成一个圆形，直到与道面表面齐平。

（4）用 300 mm 钢尺测量其所摊圆形的两个垂直直径，取其平均值，精确到 5 mm。

（5）道面平均纹理深度的计算公式为 $\delta = \dfrac{40V}{\pi D^2}$，其中 V 为填满面积内凹下部分所用干砂的量，单位为 cm^3，D 为摊成圆形的平均直径，单位为 mm。

2）道面抗滑性的增强方法

对于沥青混凝土而言，沥青作为黏结剂，其抗磨耗能力比水泥要低得多，因此，影响沥青混凝土道面抗滑性的主要因素是石料的性质、颗粒的级配、沥青质量和用量、施工质量等。

水泥混凝土道面的摩擦系数与道面表面纹理深度有关，为了提高水凝混凝土道面的纹理深度，通常会采取一些表面处理工艺。按照工艺的处理时间分为两大类，一是在新铺筑道面上，在混凝土初凝后强度不高时进行的，如拉毛、拉槽、压槽、裸石、嵌石；二是在旧道面上，为了增强其抗滑性而进行的，如刻槽、打毛、酸蚀、冷粘摩擦层等。就处理效果而言，拉毛拉槽组合法最为有效，如图 8.7 所示。

图 8.7 拉毛和拉槽

在《民用机场飞行区技术标准》（MH5001—2021）中规定：新建道面的平均纹理深度最好不小于 1.0 mm；在多雨地区，跑道水泥混凝土道面适宜在表面进行刻槽。跑道刻槽的方向为垂直于跑道中线，刻槽的范围为纵向为跑道全长，横向应为跑道全宽。在年最低月平均气温不低于 0 ℃的地区，槽的深度、宽度应均为 6 mm；年最低月平均气温低于 0 ℃的地区，槽的形状为上宽 6 mm、下宽 4 mm、深 6 mm 的梯形槽。相邻槽中线间距为 32 mm。

2. 道面平整度测量

道面平整度是机场道面表面特性的一个重要指标。道面平整度是指道面表面相对于理想平面的偏差，对滑行中飞机的动力性能、行驶质量和道面承受的动力载荷起决定性作用。此处需要注意，由于人为或自然因素引起的道面上较大的凸起或凹陷（如由于不均匀冻胀产生的道面突然隆起）不属于道面平整度的范畴。

道面平整度一般采用国际平整度指数（IRI）来衡量，IRI 是通过激光平整度仪自动测试计算的，测试时测试仪应沿各区域的轨迹带布置的测线进行。IRI 指标平整度等级的评价标准如表 8.8 所示。

表 8.8　道面平整度等级评价标准（IRI 指标）

评价等级	好	中	差
IRI 平均值/m/km	<2.0	2.0～4.0	>4.0

注：表中数据源自《民用机场道面评价管理技术规范》（MH/T5024—2019）。

当机场不具有激光平整度测试仪时，也可以采用 3 m 直尺法进行测量。测试时沿着跑道中心线每 100 m 为一个测试段，从每一个测试段的起点开始连续测量 10 次，3 m 直尺与道面之间的间隙不大于 3 mm；板块接缝错台不得大于 5 mm；道面接缝处封灌完好。当在测试过程中小于 3 mm 的点未达到总测试点数的 60% 时，说明道面平整度不是太好，需要采取措施进行改善。《民用机场飞行区技术标准》（MH5001—2021）中规定：跑道的表面应具有良好的平整度。新建跑道无设计坡度变化处，用 3 m 直尺测量时直尺底面与道面表面的最大间隙应不大于 5.0 mm，最好不大于 3.0 mm，如表 8.9 所示。

表 8.9　道面平整度等级评价表标准（3m 直尺法）

评价等级	3m 直尺下最大间隙		水泥混凝土道面邻板差	
	平均值/mm	大于 5mm/%	平均值/mm	大于 5mm/%
好	< 3.0	< 10	< 2.0	< 5
中	3.0~4.5	10~20	2.0~3.5	5~20
差	> 4.5	> 20	> 3.5	> 20

注："好"和"中"等级必须所有指标全部符合，否则应判属于下一等级。
表中数据源自《民用机场道面评价管理技术规范》（MH/T5024—2019）。

8.2.4　跑道道面除胶

跑道是供飞机起降的地方，在起降的过程中，飞机轮胎与道面摩擦产生高温，使橡胶瞬间熔化成污染物并印在道面纹理上。随着时间推移，胶层增厚造成道面摩擦系数降低，影响飞机制动性，形成安全隐患，所以机场道面应定期除胶，增加跑道摩擦系数。当接地带跑道中线两侧被橡胶覆盖 80% 左右，并且橡胶呈现光泽时，应当及时除胶。

跑道除胶的方法主要有四种类型，分别是超高压水冲洗法、抛丸冲击法、化学除胶法和机械打磨除胶法。

1. 超高压水冲洗法

超高压水冲洗法是指把水压加到 40 MPa 以上，利用超高压水射流的冲击力、剪切力等作用于橡胶和油漆表面，破坏其结构和状态，从而达到清除效果。其设备有高压水枪、多功能跑道除胶车等，如图 8.8（a）所示。

此种除胶方式的优点是速度快，效果好，无污染，除胶作业完成后可立即开放跑道；缺点是超高压水冲洗道面很容易将道面层半裸在水泥砂浆中的砂粒冲掉甚至破坏刻槽，降低道面本身的抗滑能力；另外高压水可能会威胁人的生命安全，因此，在选择超高压水进行跑道除胶时一定要做好监视工作。

2. 抛丸冲击法

抛丸冲击法是指用丸料高速冲击道面，使胶泥剥落，与胶屑和灰尘分离后的丸料可循环使用，如图 8.8（b）所示。丸料的回收比例不应过低，当丸料不足时应及时补充。

优点是通过选择丸料的大小和数量，控制抛丸速度和角度，可得到不同的抛射强度，以获得最佳除胶效果；缺点是丸料的回收率在实际操作中有时不高，在作业过程中控制不当易损伤道面。

3. 化学除胶法

化学除胶法是指通过在道面上喷洒化学除胶剂来软化并分解胶泥，然后用高压水清除软化的胶泥。目前可用的除胶剂较少，在使用前应验证其实际使用效果。化学除胶的优点是道面无物理损伤，操作工艺简单；缺点是对环境有污染，短期内可能影响跑道摩擦系数，需要与其他方法结合使用。

4. 机械打磨除胶法

机械打磨法采用铣刨机、研磨机或旋转硬质钢丝刷等清除胶泥，设备行走方向应与道面拉毛或刻槽的纹理方向一致，如图 8.8(c)所示。行进速度一般控制在 100 km/h～200 km/h。

机械打磨除胶的优点是道面面层和填缝料不会受到破损；缺点是对道面损伤大，除胶后道面摩擦系数无明显提高，速度慢，较多依赖操作人员实际经验，操作不当易损伤道面，破坏道面刻槽，甚至产生微裂缝，不宜长期大范围使用。

(a) 高压水冲洗除胶车　　　　(b) 抛丸机　　　　(c) 铣刨机

图 8.8　各种道面除胶设备

8.3　机场除冰雪

我国幅员辽阔，南北、东西跨度大，气候条件变化较大。尤其是东北、西北地区冬季下雪较频繁且强度较大，且近年来南方冬季也多次出现降雪，这对航空器的安全运行造成较大的影响。因此，冬季除冰雪对于机场而言是非常必要的。

在机场运行期间，机场管理机构应当加强除冰雪工作，当出现以下任一情况时，机场管理机构应当立即开展除冰雪工作。

（1）跑道表面有超过 13 mm（包含）水当量厚度的雪浆。

（2）必要的跑道标志或助航灯光被冰雪覆盖，不能为飞行机组提供所需的目视参考。

8.3.1 机场除冰雪作业的组织

机场管理机构指由机场管理机构、航空运输企业、空中交通管理部门等单位负责人组成的机场除冰雪专门协调机构，负责对机场除冰雪工作进行指导和协调。

在冬季来临之前，机场管理机构应当制定除冰雪预案，并认真组织实施，最大限度地消除冰雪天气对机场正常运行的影响。除冰雪预案应当包括：①除冰雪专门协调机构的人员组成；②除冰雪作业责任单位、责任人及其相应职责；③除冰雪过程中的信息传递程序和通信方式；④因除冰雪而关闭跑道及其他设施的决定程序；⑤针对干雪、湿雪、雪浆等以及不同气温的除冰雪作业程序、车辆设备和人员的作业组合方式；⑥跑道摩擦系数的测试方法和公布程序；⑦除冰雪车辆、设备及物资储备清单。

机场管理机构应当在入冬前做好除冰雪的准备工作。准备工作主要包括：①召开除冰雪协调会议，为冬季运行做准备；②对除冰雪人员进行培训；③对除冰雪车辆及设备进行全面维护保养；④按照机场除冰雪预案，对车辆设备、编队作业、协调指挥、通信程序进行模拟演练。演练应当在航班结束后在跑道、滑行道、机坪上实地进行，一般情况下每年入冬前演练次数不少于3次；⑤对除冰液等物资的有效性和储备情况进行全面检查；⑥确定堆雪场地。

8.3.2 机场除冰雪设备和方法

冰雪的类型多种多样，包括冰、干雪、湿雪、雪浆等，再加上除冰雪时要求跑道、滑行道、机坪、车辆服务通道能够同步开放使用，避免因局部原因而影响机场的开放使用。因此，机场除冰雪时应根据冰雪的类型和设备、人员的实际情况，选择合适的除冰雪方法。

机场除冰雪的方法主要有三种，分别是：机械除冰雪、化学制剂除冰雪、人工除冰雪。

1. 机械除冰雪法

机械除冰雪法是指利用除雪车扫雪的方法。根据除雪的原理，将机械除冰雪分为冷吹式除雪和热吹式除雪。

1）冷吹式除雪

冷吹式除雪车一般用于清除跑道、滑行道等开阔地区的干雪，适用于"边下边扫"的情况，如图8.9（a）所示。在除雪时，如果没有强侧风，可从道面中心线或边线开始对除雪车呈人字形或梯形编队；如果遇有强侧风，可以从上风口开始除雪，车辆呈阶梯形斜线队形，在除雪过程中注意控制编队和车速，如图8.9（c）、图8.9（d）所示。

2）热吹式除雪

热吹式除雪车很多是以航空涡轮喷气发动机作为吹雪动力，利用涡轮喷气发动机运转产生的高速燃气流迅速清除机场跑道的厚积雪，融化吹散路面薄冰，如图8.9（b）所示。热吹式除雪车一般用于清除开阔地区，尤其适用于清除湿雪、雪浆及道面融化的冰雪，在"边下边扫"过程中容易出现结冰，当道面出现结冰时，应及时洒除冰液。另外在使用热吹式除雪车时，需要注意控制车速，避免除雪车的高温气流对道面造成破坏。如果使用多台热吹式除雪车呈梯形或人字形编队,那么车辆之间应该保持较小间距,防止前车吹过后的区域因后车未跟上而造成二次结冰。

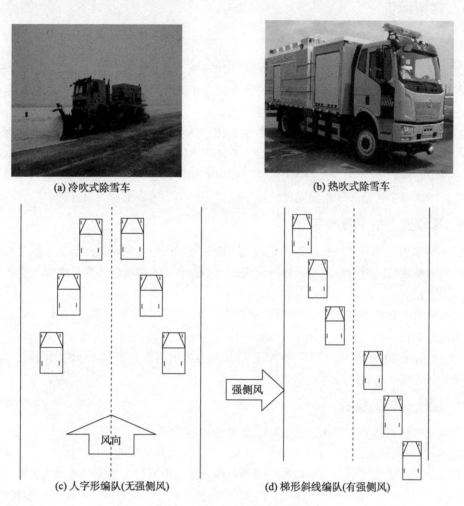

图 8.9　机械除冰雪设备及编队

2. 化学制剂除冰雪法

化学制剂除雪用于防止道面结冰或化冰,多用于机坪、勤务车辆通道等不适用于机械除雪的区域。使用时,在临近结冰前在相应区域撒上化学制剂。化学制剂分为无机融雪剂和有机融雪剂。无机融雪剂成分主要是氯盐,如氯化钙、氯化钠、氯化钾等,优点是价格便宜,缺点是对道面的腐蚀较严重;有机融雪剂成分主要是醋酸钾,其优点是融雪效果好,不足是成本太高。

3. 人工除冰雪法

人工除冰雪一般用于机械除雪、化学制剂等除冰雪方法的补充,特别适合机场边角地区及机械作业受到较大限制的地区。机场管理机构对机械除雪难以到达的区域,实行人工除雪责任分区是非常重要的。

8.3.3 雪情通告

1. 雪情通告的发布流程

雪情通告是以标准格式通知在机场活动区内有雪、冰、雪浆、霜、积水或与雪、雪浆、冰或霜有关的各种危险情况的，或者这种险情的停止的编有特殊序号的航行通告，是保证飞行安全、正常和经济效益所必需的重要情报。

机场民用航空情报单位在收到机场有关跑道、停止道、滑行道、停机坪上有积雪、结冰、雪浆或者跑道灯被积雪覆盖的报告时，应该及时发布雪情通告，直接发送到全国民用航空情报中心国际通告室、地区民用航空情报中心和国内各有关机场民用航空情报单位。对外开放的机场的雪情通告由全国民用航空情报中心国际通告室负责对外转发。

2. 雪情通告的一般规定

（1）雪情通告的有效时长最长不超过 8 小时，任何时候收到新的跑道状况报告时，应发布新的雪情通告，上一份雪情通告同时失效。当发布的雪情通告出现错误时，应重新发布而不能更正。

（2）所有公布的数据（值）应采用公制单位，除了明语说明外，其他各项仅填写数值，不应该填写单位。

（3）雪情通告应使用英文和简缩字编写，国际分发的雪情通告时间应使用协调世界时，国内分发的雪情通告时间应为北京时间。

3. 雪情通告的格式

雪情通告的具体格式要求见表 8.10，各部分内容说明如下。

1）报头

报头由两行组成，第一行为电报等级和收电地址，第二行为签发时间和发电地址。电报等级分为"GG"（急报）和"DD"（特急报）；收电地址、发电地址均由 8 个字母组成，前 4 个为地名代码，第 5 至第 6 或第 7 个字母为部门代码，不足位用"X"补齐，当地址为多个时，各个地址之间加空格；签发时间由 6 位数字组成，从前往后每两位数字分别表示日、时和分。

2）简写报头

简写报头由 3 组代码组成，即 TTAAiiii、CCCC、MMYYGGgg。TT 为雪情通告识别标志，即 SW；AA 为国家或地区地理位置识别代码，由 2 个字母组成，国际分发的雪情通告写国家代码（如中国为 ZX），国内分发的雪情通告写机场所属地区的代码（如华东地区为 ZS，中南地区为 ZG，华北地区为 ZB 等）；iiii 为雪情通告序号，由 4 位数字组成，从每年公历 7 月 1 日 0 时开始，第一次发布的雪情通告序号为 0001，顺序编号至第二年的 6 月 30 日 24 时为止，国际分发雪情通告为全国统一编号，国内分发的则各个机场单独编号；CCCC 为发生雪情的机场四字代码；MMYYGGgg 为观测时间，由 8 位数字组成，MM 为月，YY 为日，GG 为时，gg 为分。

3）雪情通告标识

雪情通告标识为 SNOWTAM，序号与简写报头中一致。

4）飞机性能计算部分

发生地为发生雪情机场的四字代码，观测时间与简写报头中一致，跑道号码为每条跑道两端数字较小的。

跑道状况代码为从上一项填写的跑道入口观测，依次填写跑道每 1/3 地段的状况代码，每段填写一个数值，3 个数值间用 "/" 隔开，跑道状况代码如表 8.6 所示。

跑道污染物覆盖范围为从前面填写的跑道入口观测，依次填写跑道每 1/3 地段污染物覆盖的百分比 25、50、75 或 100，每段仅填写一个数值（%省略），3 个数值之间用斜线 "/" 隔开。

跑道污染物深度为从前面填写的跑道入口观测，依次填写跑道每 1/3 地段松散污染物的深度值（单位为 mm），深度数值为两位数，不足两位的在前面补 0，3 个数值之间用斜线 "/" 隔开，当没有污染时，填写 "NR"。

5）情景意识部分

跑道长度变短应填入适用的跑道代号和可用跑道长度，如 RWY 22L REDUCED TO 1450；跑道上有吹积的雪堆用 DRIFTING SNOW 表示；跑道上有散沙，应填写较小的跑道号码，如 RWY 02R LOOSE SAND；跑道上进行化学处理时，应填写较小的跑道号码，如 RWY 06 CHEMICALLY TREATED；跑道上有雪堤时，应填写较小的跑道号码，后加 SNOWBANK，然后写 L、R 或 LR，后接两位数字的距跑道中线距离（单位为 m），后加 FM CL，如 RWY 06L SNOWBANK LR19 FM CL；滑行道上有雪堤时，填写滑行道编号，后加 SNOWBANK，如 TWY A SNOWBANK；跑道附近有雪堤，且厚度穿过机场雪平面中的高度剖面，应填写较小跑道号码，后加 ADJ SNOWBANK，如 RWY 06R ADJ SNOWBANK.；当滑行道状况、停机坪状况报告为差时，应填写滑行道号码、停机坪号码，后面写上 POOR，如 TWY B POOR、APPRON NORTH POOR；当报告测定的摩阻系数时，应填写测定的摩阻系数和测试设备。

表 8.10 新版雪情通告格式

（报头）	（电报等级）		（收电地址）	
	（签发时间）		（发电地址）	
（简写报头）	（SW 国家代码*序号）	（地名代码）	观测时间	（任选组）
	S W * *			
	雪情通告	（序号）		
飞机性能计算部分				
（发生地）			M	A)
（观测时间）（测定结束时间，UTC）			M	B)
（跑道号码）			M	C)
（跑道状况代码（RWYCC））			M	D)
（跑道污染物覆盖范围）			C	E)

续表

（跑道污染物深度/mm）	C	F)
（跑道状况说明） 　　压实的雪 　　干雪 　　压实的雪面上有干雪 　　冰面上有干雪 　　霜 　　冰 　　雪浆 　　积水 　　压实的雪面上有水 　　湿 　　湿冰 　　湿雪 　　压实的雪面上有湿雪 　　冰面上有湿雪 　　干	M	G)
（跑道状况代码对应的跑道宽度）	O	H)
情景意识部分		
（跑道长度变短/m）	O	I)
（跑道上有吹积的雪堆）	O	J)
（跑道上有散沙）	O	K)
（跑道上的化学处理）	O	L)
（跑道上有雪堤）	O	M)
（滑行道上有雪堤）	O	N)
（跑道附近有雪堤）	O	O)
（滑行道状况）	O	P)
（停机坪状况）	O	R)
（测定的摩阻系数）	O	S)
现场问题无法准确说明时，可在此处提供进一步的详细信息	O	T)

注：表中数据源自《雪情通告编发规范》（AC-175-TM-2021-01）。其中：M 表示强制性信息（应该填写）；C 表示条件行信息（满足触发条件填写）；O 表示选择性信息（根据跑道状况填写）。

6）雪情通告示例

原文如下。

GG ZSSSOIXX
170239 ZBTJOIXX
SWZB0151 ZBTJ 02170230
SNOWTAM 0151
ZBTJ
02170155 16L 2/5/3 100/50/75 04/03/04 SLUSH/DRY SNOW/WET SNOW
02170230 16R 2/5/5 75/100/100 04/03/NR SLUSH/SLUSH/SLUSH 50

RWY 16L REDUCED TO 3000. DRIFTING SNOW. RWY 16L CHEMICALLY

TREATED. RWY 16R CHEMICALLY TREATED. RWY 16L SNOWBANK R20 FM CL. TWY A W SNOWBANK. RWY 16R ADJ SNOWBANKS. ALL TWY POOR. SOUTH DEICING APRON POOR.

RWY 16R WIDTH 50M AVBL, 20M FM RCL LEFT, 30M FM RCL RIGHT.

译文：

报头：电报类型：急报；收电地址：华东地区上海虹桥机场情报部门；

签发时间：17日2时39分；发电地址：华北地区天津滨海国际机场情报部门

简写报头：国内分发的第151号雪情通告，天津滨海国际机场，观测时间为2月17日2时30分（北京时间）。

雪情标志和序号：SNOWTAM 0151

性能计算部分

（A）发生地：天津滨海国际机场

（B）观测时间：	2月17日1时55分	2月17日2时30分
（C）跑道号码：	16L	16R
（D）跑道状况代码：	2/5/3	2/5/5
（E）跑道污染物覆盖范围：	100/50/75	75/100/100
（F）跑道污染物深度：	04/03/04	04/03/无
（G）跑道状况说明：	雪浆/干雪/湿雪	雪浆/雪浆/雪浆
（H）跑道状况代码对应的跑道宽度：	无	50

情景意识部分

（I）跑道长度变短：	16L跑道变短至3000米	无
（J）跑道上有吹积的雪堆：	跑道上有吹积的雪堆	跑道上有吹积的雪堆
（K）跑道上有散沙：	无	无
（L）跑道上的化学处理：	16L跑道有化学处理	16R跑道有化学处理
（M）跑道上有雪堤：	16L跑道中线右侧20 m有雪堤	无
（N）滑行道上有雪堤：	滑行道A和W有雪堤	无
（O）跑道附近有雪堤：	无	16R跑道附近有雪堤
（P）滑行道状况：	所有滑行道状况差	所有滑行道状况差
（R）停机坪状况：	除冰坪状况差	
（S）测定的摩阻系数：	无须填写	
（T）明语说明：16R跑道可用宽度50 m，跑道中线左侧20 m，跑道中线右侧30 m。		

8.3.4 除冰雪具体要求

1. 尺寸要求

（1）除冰雪作业过程中，应当注意保护跑道、滑行道边灯及其他助航设备。雪和冰的临时堆放高度与航空器发动机底端或螺旋桨桨叶的垂直距离不得小于 40 cm，与机翼的垂直距离不得小于 1 m。

（2）在航空器周边 5 m 范围内，不得使用大型除雪设备。

（3）为保证机场尽快开放使用，在滑行道、机坪积雪厚度小于 5 cm 时，可先仅清除标志上的积雪，以使航空器正常运行，但应当尽快清除全部积雪。

2. 其他要求

（1）偶尔有降雪的机场，应当根据天气预报，在降雪前洒布除冰液。

（2）利用航班间隙清除跑道、滑行道上的冰雪时，机场管理机构应当指定一名现场指挥员，负责除冰雪工作的协调，并与空中交通管理部门保持联络。所有除冰雪车辆应当与现场指挥员建立有效的通信联系。

（3）当机场某一区域除冰雪完毕后，机场管理机构应当对该区域进行检查，符合条件后，应当及时将开放的区域报告空中交通管理部门。

（4）若机场所在地区经常降雪或降雪量较大且机场年吞吐量在 200 万人次以上，则该机场应该设置集中除冰坪。在机坪上堆放冰雪，不得影响航空器、服务车辆的运行，并不得被航空器气流吹起。雪停后，应当及时将机坪上的冰雪全部清除。

8.4 航空器除/防冰

2020 年 1 月 13 日，一架隶属于海航宜昌航校的教练机因气象原因返航，在返航途中失事，事故导致 1 名教练和 2 名学员遇难。事后调查发现，造成事故的原因疑似 DA42 教练机在执行宜昌到恩施的转场飞行时遇飞机结冰。由此案例我们看到航空器除/防冰的重要性。

8.4.1 基本定义

1. 冰冻污染物

按照《地面结冰条件下的运行》（AC-121-50R1-2014）的要求，航空器冰冻污染物是指附着在航空器关键表面的冰、雪、霜。

2. 除冰

除冰指将冰、雪、半融雪或霜从飞机表面除去的过程。

3. 防冰

防冰是一种预防性措施，可以在有限的时间内为清洁的飞机表面提供保护，防止冰和霜的形成以及雪和半融雪的积聚。

4. 关键表面

关键表面是起飞前不得有冰、雪、半融雪或霜的飞机表面。关键表面由飞机制造人确定，通常包括机翼、操纵面、螺旋桨、发动机进气口、发动机装于后部的航空器的机身上表面、水平安定面、垂直安定面或航空器的任何其他稳定性表面。

5. 保持时间

施用的除冰/防冰液能够有效减少霜、冰或雪在经处理的表面上附着的时间。保持时间的计算从最后一次喷洒除冰/防冰液时开始计起，至除冰/防冰液不再起保护作用时结束。

8.4.2 航空器结冰区域及对飞机性能的影响

航空器任何部位结冰都会对航空器的安全运行产生影响。实践发现，航空器容易结冰的部位包括机翼和尾翼、发动机、风挡、空速管、污水排放口、天线等。

1. 机翼和尾翼

机翼的主要作用是为飞机提供升力。尾翼包括垂直尾翼和水平尾翼，垂直尾翼上有垂直安定面和方向舵，水平尾翼上有水平安定面和升降舵，因此，尾翼的主要作用是操纵飞机的俯仰和偏转，保证飞机的平稳飞行。

当机翼上有结冰时，会破坏机翼的翼形，减小飞机的升力，增加飞行的阻力。实验证明，3mm 的积冰层会造成飞机升力减少 33%，失速速度增加 35%。当尾翼结冰时，会破坏飞机的俯仰配平和俯仰操纵能力，也会增加阻力，如图 8.10（a）所示。

2. 发动机

发动机是飞机的动力装置，一旦失效，可能造成机毁人亡。如果发动机进气道结冰，一方面会破坏进气道的气动外形，混乱的气流进入压气机，可能引发喘振，降低推力；另一方面进气道结冰还会造成进气道截面积减小，进入发动机的空气流量减小，发动机推力下降。飞行状态的变化或发动机喘振等可使积冰脱落，冰块随气流进入发动机，可能打坏叶片等部件，严重时甚至导致发动机熄火，如图 8.10（b）所示。

3. 风挡

风挡是飞机驾驶席位前方用透明材料制成的整流保护构件。对于风挡的要求有两点：一是保证足够的透明度，为驾驶员提供清晰的视野环境；二是保证足够的强度，能抵御气流和外部力量的撞击。

因此，当飞机风挡结冰时，会破坏风挡的透明度，影响驾驶员的视线，对飞机的起飞和降落造成一定的影响，如图 8.10（c）所示。

4. 空速管

飞机空速管安装在飞机的机头或机翼上，由两个同心圆管组成，内圆管为总压管，外套管为静压管，如图 8.10（d）所示。空速管的作用是测量飞机飞行时周边气流的总压和静压，并将测得的气压数据传送至驾驶舱内的飞行仪表上。

飞机空速管的工作原理是通过其末端的感应器来感受气流的冲击力量，测量出气流动压，从而得出空速。此外，通过空速管测量出的静压一方面可以用作高度表的计算参数，另一方面还可以制成"升降速度表"，从而测量飞机高度变化的快慢。为了保证空速管的正常使用，一架飞机通常安装两套以上空速管。

当空速管结冰时,会降低空速、气压高度、升降速度等参数的测量精度,严重时可能导致测量仪表失真甚至完全失效。

5. 污水排放口

飞机污水排放口位于飞机机身的后下方,如图 8.10(e)所示。当航空器泊位完成后,污水车提前到达指定位置等待,将污水车的排污管与飞机上的污水排放口对接,打开保险开关,机上的污水就排放到污水车的车厢中,然后进行处理。

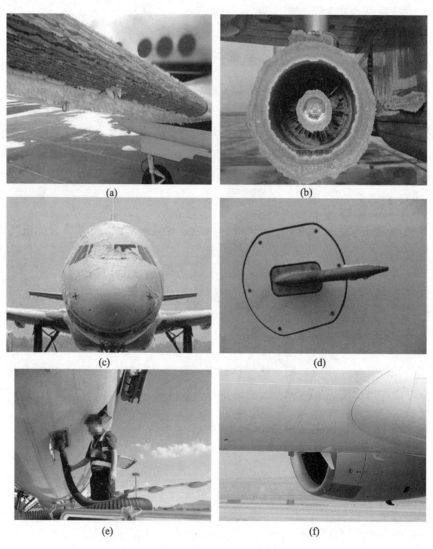

图 8.10　航空器主要结冰部位

当污水排放口结冰时,会导致飞机上的污水不能正常排出,从而可能导致航班延误等。

6. 天线

飞机上的天线是用来完成辐射和接收无线电波的装置,有多种类型,如高频(HF)天线、甚高频（VHF）天线、GPS 定位天线、自动定向机（ADF）天线、测距仪（DME）天线、航向道天线和下滑道天线、空中避撞系统（TCAS）天线、全向信标系统（VOR）天线、空中交通管制系统（ATC）天线、指点信标系统天线等，如图 8.10（f）所示。

当飞机上的天线结冰时，可能导致天线折断，进而使通信中断，甚至发生短路，使无线电设备失灵。

8.4.3　航空器除/防冰的方法

1. 液体除/防冰

液体除/防冰是指将除冰液或防冰液喷洒在结冰的航空器上进行除/防冰。

目前通常使用的除冰液包括：①热水；②Ⅰ型除冰液；③水和Ⅰ型除冰液的混合液；④水和Ⅱ型防冰液的混合液。常见的防冰液包括：①Ⅰ型除冰液；②水和Ⅰ型除冰液的混合液；③Ⅱ型防冰液；④水和Ⅱ型防冰液的混合液。当将水和除/防冰液混合时，此时的除/防冰液有专门的代码表示，代码由两部分组成，即 X 型液 X/X，前面 X 表示液体的类型，后面 X 表示稀释的体积比，如Ⅰ型防冰液 50/50 表示使用 50% 容积的Ⅰ型防冰液与 50% 容积的水混合液。

常见的液体除/防冰方式包括一步除/防冰和两步除/防冰。一步除/防冰是指用加热的除冰液除去飞机表面的冰，保持在飞机表面上的液体将提供有限的防冰能力；两步除/防冰是首先使用热除冰液完成除冰工作，然后使用防冰液完成防冰工作。需要注意的是，在第一步除冰液结冰之前完成第二步的防冰工作，一般是 3 分钟内。

2. 气热防冰

气热防冰是通过来自发动机的压气机的引气对部件进行加热来达到除/防冰目的。当打开防冰系统时，引气阀门打开，热空气通过相应的引气管路流到需要防冰的部件内侧对部件进行加热，从而达到防冰的目的。

3. 电热防冰

电热防冰是通过对较小的部件（如空速管、污水排放口、天线）进行加热来达到除/防冰目的，其热量来源于电能的转化。电热防冰系统不需要像气热防冰系统那样布置复杂的引气管路，也不需要考虑加热时的流道设计，因此系统布置简单，且易于控制加热功率。

4. 机械除冰

对于螺旋桨飞机来说，由于其机翼较小、富余动力不足，因此不会安装加热系统，取而代之的是在重要部件上安装可膨胀的气动带，当气动带外层结冰时，只要启动装置，它就会通过形变撑开冰面实现除冰。

8.4.4　航空器除/防冰场地及设备设施

1. 航空器除/防冰场地要求

机场给航空器提供除/防冰的地点一般有两种，分别是机位除冰、定点（除冰坪）

除冰。

  1）机位除冰

  机位除冰是指飞机在停机位上等待除冰车等设备开到停机位为飞机除冰。

  首先，机位除冰无法保证飞机在除冰后能够第一时间起飞，如果超过了除防冰液的保持时间，飞机就需要进行二次除冰；其次，除冰车储存除冰液的能力有限，当除冰液不足时，除冰车辆需要往返添加除冰液，既延长了除冰时间，又增加了除冰成本；此外，大量除冰液喷洒在停机位上，会造成停机坪大面积损坏。

  2）定点除冰

  定点除冰是指将需要除冰的飞机在起飞之前集中到除冰坪上进行除冰。

  除冰坪是由内外两个区域组成的一块场地，内区供接受除冰、防冰的飞机停放，外区供两部及以上除冰防冰车辆运行。

  除冰坪一般设置在跑道端附近，目的是使飞机在除完冰后能够第一时间起飞，避免二次除冰的麻烦；此外，除冰坪应该有一定的横坡和纵坡，目的是保证排水的需求并能收集飞机上留下的除/防冰液，减少对道面的污染；当除冰坪旁边设有滑行道时，除冰坪上停放飞机与滑行的飞机的净距应满足表 2.13 的要求。

  机位除冰和定点除冰都是在发动机关闭情况下进行。现在还有许多机场都在使用慢车除冰，即在飞机起飞排队的滑行道上建立一块除冰区域，除冰车辆和设备都聚集在该区域，当航空器通过该区域时，除冰车辆即对航空器进行除冰。当使用慢车除冰时，航空器处于慢车运行状态，当除冰结束后，航空器可以直接滑入跑道起飞，减少二次除冰的操作。

  2. 航空器除/防冰设备设施

  除/防冰液的喷洒需要有专门的设备和专门的人员来进行，因此，航空器除防冰设备包括人员保护设备、除冰雪车。

  1）人员保护设备

  （1）耳机。为了保证除冰车在飞机周围移动时的安全，除冰车驾驶员和吊篮操作员要在除冰期间保持联络。

  （2）面罩。为防止吸入除冰液，吊篮操作员在喷洒除冰液时必须佩戴面罩。

  （3）安全靴。除冰作业期间要求工作人员穿安全靴。

  （4）安全带。除冰作业期间要求工作人员系好安全带和绳索。

  （5）眼睛保护装置。当遇上大风等恶劣天气进行除冰作业时，需要佩戴护目镜，防止除冰液吹进眼睛。

  2）除冰雪车

  除冰雪车是在机场内专门用于除掉航空器机翼等部位结冰的车辆，见图 4.14。

8.4.5 航空器除/防冰程序

  1. 飞机外部检查确定除冰要求

  在航前，飞行机组需要对飞机进行目视或手感检查确定飞机表面是否附着有污染物，当飞机上可能有霜、雪或冰存在时，需要对飞机的关键表面进行检查。

在航前，除了机组对飞机进行检查外，机务维修人员在实施航线维修任务时，也应当检查关键表面是否附着有冰冻污染物，发现或者怀疑有冰冻污染物的情况时，应及时通报机长。

2. 除/防冰喷洒程序

在降水期间，飞机不同区域的除冰顺序是非常重要的。首先喷洒机身，其次是机翼表面，最后是尾翼表面。当对机身进行除冰时，应该从机身的顶部开始，沿顶部中心线向下、向外喷洒，注意不要直接喷向玻璃窗。当对机翼进行除冰时，首先要喷洒左机翼，且从机翼前缘向后缘、翼尖向翼根喷洒除冰液；当对尾翼进行除冰时，将除冰车置于水平尾翼的前部，从上至下喷洒垂直安定面；水平安定面除冰时，从前缘向后缘喷洒除冰液。

3. 除/防冰喷洒结束后的操作检查

当除冰人员完成航空器除冰工作后，且在满足以下条件时，机长可以要求起飞。

（1）当对飞机进行了除防冰工作后，在起飞前 5 min 内应完成起飞前污染物检查；

（2）起飞前确认关键表面的冰、雪、霜已经去除；

（3）在为飞机除冰之后，必须对飞机的操纵装置进行检查。

8.5 机场不停航施工管理

8.5.1 不停航施工的概念和范围

随着我国民航事业的快速发展，机场航班数量越来越多，为了满足旅客的需求，许多机场在进行改扩建。但是国内大部分城市还是"一市一场"或者是"一场一跑道"的情形，因此许多改扩建工程需要在机场不停航的过程中进行。为了保证航空器的安全运行，需要对不停航施工进行安全管理，否则后果不堪设想。

1. 不停航施工概念

不停航施工是指在机场不关闭或者部分时段关闭并按照航班计划接收和放行航空器的情况下，在飞行区内实施工程施工。

2. 不停航施工范围

不停航施工工程主要包括以下几项。

（1）飞行区土质地带大面积沉陷的处理工程，围界、飞行区排水设施的改造工程等。

（2）跑道、滑行道、机坪的改扩建工程。

（3）扩建或更新改造助航灯光及电缆的工程。

（4）影响民用航空器活动的其他工程。

需要注意的是在飞行区内进行的日常维护工作（如道面检查与保洁、助航灯光的维护）不属于不停航施工的范畴。

8.5.2 不停航施工的组织管理

未经民航地区管理局按照《民用机场管理条例》批准，不得在机场内进行不停航施工。机场管理机构应当会同建设单位、施工单位、空中交通管理部门及其他相关单位和部门共同编制施工组织管理方案，并负责机场不停航施工期间的运行安全以及批准工程开工。

机场管理机构对机场不停航施工组织管理方案包括以下几类。

（1）工程内容、分阶段和分区域的实施方案、建设工期。

（2）施工总平面图和分区详图，包括施工区域、施工区与航空器活动区的分隔位置、围栏设置、临时目视助航设施设置、堆料场位置、大型机具停放位置、施工车辆和人员通行路线和进出道口等。

（3）影响航空器起降、滑行和停放的情况和采取的措施。

（4）影响跑道和滑行道标志和灯光的情况和采取的措施。

（5）需要跑道入口内移的，对道面标志、助航灯光的调整说明和调整图。

（6）对跑道端安全区、无障碍物区和其他净空限制面的保护措施，包括对施工设备高度的限制要求。

（7）影响导航设施正常工作的情况和所采取的措施。

（8）对施工人员和车辆进出飞行区出入口的控制措施和对车辆灯光和标识的要求。

（9）防止无关人员和动物进入飞行区的措施。

（10）防止污染道面的措施。

（11）对沟渠和坑洞的覆盖要求。

（12）对施工中的漂浮物、灰尘、施工噪声和其他污染的控制措施。

（13）对无线电通信的要求。

（14）需要停用供水管线或消防栓，或消防救援通道发生改变或被堵塞时，通知航空器救援和消防人员的程序和补救措施。

（15）开挖施工时对电缆、输油管道、给排水管线和其他地下设施位置的确定和保护措施。

（16）施工安全协调会议制度，所有施工安全相关方的代表姓名和联系电话。

（17）对施工人员和车辆驾驶员的培训要求。

（18）航行通告的发布程序、内容和要求。

（19）各相关部门的职责和检查的要求。

8.5.3 不停航施工的审批程序

由于机场不停航施工需要调整航空器起降架次、航班运行时刻、机场飞行程序、起飞着陆最低标准等，因此，在机场内进行的不停航施工，需由机场管理机构负责统一向机场所在地民航地区管理局办理报批手续。经批准后，机场管理机构应当按照有关规定及时向驻场空中交通管理部门提供相关基础资料，并由空中交通管理部门根据有关规定发布航行通告。涉及机场飞行程序、起飞着陆最低标准等更改的，资料生效后，方可开始施工；不涉及机场飞行程序、起飞着陆最低标准等更改的,通告发布 7 天后方可开始施工。

不停航施工的审批程序,如图 8.11 所示。

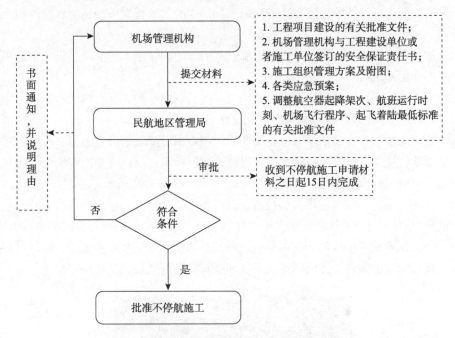

图 8.11 不停航施工的审批程序

8.5.4 不停航施工的一般规定

1. 施工区域管理

(1)在跑道有飞行活动期间,禁止在跑道端之外 300 m 以内、跑道中心线两侧 75 m 以内的区域进行任何施工作业;如果有施工作业,需要在航空器起飞、着陆前半小时,完成清理施工现场的工作,包括填平、夯实沟坑,将施工人员、机具、车辆全部撤离施工区域。

(2)在跑道端 300 m 以外区域进行施工的,施工机具、车辆的高度以及起重机悬臂作业高度不得穿透障碍物限制面;在跑道两侧升降带内进行施工的,施工机具、车辆、堆放物高度以及起重机悬臂作业高度不得穿透内过渡面和复飞面。施工机具、车辆的高度不得超过 2m,并尽可能缩小施工区域。

(3)在滑行道、机坪道面边以外进行施工的,当有航空器通过时,在滑行道中线或机位滑行道中线至物体的最小安全距离(见表 2.9)范围内,不得存在影响航空器滑行安全的设备、人员或其他堆放物,并不得存在可能吸入发动机的松散物和其他可能危及航空器安全的物体。

(4)施工区域应保持清洁,对有可能产生垃圾的施工进行监控,配备防护措施,以防止产生垃圾散落和易飘浮的粉尘等进入施工区域以外的地方而吸入发动机和扎破飞机轮胎等,同时易漂浮的物体、堆放的材料应当加以遮盖,防止被风或航空器尾流吹散。

2. 标识要求

（1）因不停航施工临时关闭的跑道、滑行道（或其一部分）和跑道入口内移的，应当按照《民用机场飞行区技术标准》（MH5001—2021）的要求设置关闭标志和修改相应的灯光及标志。

（2）被关闭区域的进口处、不适宜于航空器活动的机坪施工区域应当设置不适用地区标志物和不适用地区灯光标志。

（3）因不停航施工需要跑道入口内移的，应当按照《民用机场飞行区技术标准》（MH5001—2021）设置或修改相应的灯光及标志。

（4）施工区域与航空器活动区应当有明确而清晰的分隔，如设立施工临时围栏或其他醒目隔离设施，且地下电缆和各种管线应当设置醒目标识。围栏应当能够承受住航空器的吹袭，围栏上应该有旗帜标志，夜晚应当予以照明，如图8.12所示。

（5）在施工期间，应当定期实施检查，保持各种临时标志、标志物清晰有效，临时灯光工作正常。航空器活动区附近的临时标志物、标记牌和灯具应当易折，并尽可能接近地面。

（6）邻近跑道端安全区和升降带平整区的开挖明沟和施工材料堆放处，必须用红色或橘黄色小旗标示以示警告。在低能见度天气和夜间，还应当加设红色恒定灯光。

图8.12 不停航施工隔离设施

3. 人员及车辆要求

（1）施工车辆和人员的进出路线穿越航空器开放使用区域，应当对穿越区域进行不间断检查，发现道面污染时，应当及时清洁。

（2）进入飞行区从事施工作业的人员，应当经过培训并申办通行证（包括车辆通行证）；施工人员和车辆应当严格按照施工组织管理方案中规定的时间和路线进出施工区域，并接受检查；临时进出施工区域的车辆，应当由持有场内车驾驶证的机场管理机构人员全程引领。

（3）施工人员进入施工场地前不得饮酒，进入施工场地后不能吸烟。

（4）施工人员进入施工场地后必须穿戴反光衣及相关防护装置。

（5）进入飞行区的施工车辆顶部应当设置黄色旋转灯标，并应当处于开启状态。

（6）施工车辆、工具的停放区域和堆料场的设置不得阻挡机场管制塔台对跑道、滑行道和机坪的观察视线，也不得遮挡任何使用中的助航灯光、标记牌，并不得超过净空限制面。

4. 通信要求

施工单位应当与机场现场指挥机构建立可靠的通信联系。施工期间应当派施工安全检查员现场值守和检查,并负责守听。安全检查员必须经过无线电通信培训,熟悉通信程序。

8.6 机场围界、道口和巡场路管理

8.6.1 机场围界管理

1. 围界的概念

机场围界又称物理围界,是指将机场控制区与外界隔离的一道空防安全屏障,它的主要职责是保障机场控制区的安全。

2. 围界的组成

机场围界主要由围栏(墙)和防攀爬设施两部分组成。防攀爬设施应位于围栏(墙)的顶部,采用刺丝滚笼或刀片刺网,围栏(墙)底部应建有墙基或地梁,如图 8.13 所示。

图 8.13 机场物理围界

此外,在《民用机场收费改革实施方案》(民航发〔2007〕159 号)中根据机场的业务量,将全国机场划分为三类,分别是一类 1 级机场、一类 2 级机场、二类机场、三类机场。其中,一类、二类机场围界应设置入侵报警系统和视频监控系统,三类机场围界宜设置入侵报警系统和视频监控系统。

3. 围界的基本要求

(1)坚固耐久,防止人员、车辆和可能对航空器造成威胁的动物进入。无论国内还是国外,因人员、动物越过围界进入机场控制区而影响机场正常运行的案例层出不穷,如 2019 年 6 月 20 日上午,在温哥华国际机场的停机坪上,一只鹅妈妈带着 4 只小鹅在蹒跚而行,致使一到港的加拿大航空梦幻型客机停驶一分钟,等鹅群至安全地方后才继续前行。这个案例也从侧面反映了机场围界管理存在的漏洞。

(2)围栏(墙)外应设有醒目的禁止翻越的警告标识牌,少数民族地区应增加当地语

言文字标识,如图 8.14(a)所示。

(3)一类机场应设置两道物理围界,且二者间距不应小于 3 m,入侵报警系统应安装在外侧围界上,为机场处置突发事件争取更多的救援时间,如图 8.14(b)所示。

图 8.14　机场围界的基本要求

4. 围界的巡视检查

为了节省时间,现在很多国内机场都将围界、道口、巡场路、排水系统、土面区放在一起进行巡视检查。

1)检查的频率

围界巡视检查人员每天对飞行区全部围界检查一次,并通过视频监控系统进行检查;机场公安局对围界也要进行不定期的巡视检查;机场场务部每月对飞行区围界进行一次徒步检查。

2)检查的内容

围界网是否破损或网孔变大、变形;围界地梁是否损坏;围界相关配件是否锈蚀、损坏;无地梁围界网面与地表间距是否过大;围界刺圈是否脱落或间距明显扩大、变形;水中或排水沟中的围界设施是否完好;内外围界间杂草、土堆是否过高或有藤蔓植物遮挡;围界外侧 5 m 范围内是否存在有助于攀爬的土堆或石块等物体。

3)检查的要求

围界巡视检查人员驾驶车辆在巡场路上进行检查,车辆速度不能超过 20 km/h,对于围界与巡场路之间距离大于 20 m 的地方,要下车进行检查,如图 8.15 所示;如果巡视检查期间经过导航设备敏感区,巡视检查人员应在警示牌前停下,按照警示牌的规定,向塔台申请,得到准许后,方可进入,待离开敏感区后,立即向塔台报告;当巡场路与跑道入口距离在 300 m 以内时,巡视检查人员应在警示牌前停车,待确认没有飞机进近后,再继续巡视检查。

4)问题的处置

巡视检查人员如果发现围界损坏,应立即报告场务部值班人员,由场务部值班人员负责通知维修人员维修,在维修人员到达之前,现场应有人看守。为防止金属围界锈蚀,在

图 8.15　乘车检查围界

生产或施工中都已喷涂了涂料或塑胶，使用若干年后会局部脱落，应及时补刷油漆，当出现大范围的生锈时，应普遍补刷一次漆。

巡视检查人员如果发现围界附近有动物活动，应报告场务部值班人员，由场务部值班人员通知驱鸟人员处理。此外，机场管理机构应当在机场围界内定期采取设置鼠夹和撒布药物等措施，灭杀老鼠、兔子等啮齿类动物。

如果发现可疑人员应上前询问，假如为非法进入，机场巡视人员应报告股份公司生产指挥中心和机场公安局派人处理，在相关人员到达之前，现场应有人看守。

巡场人员如果发现围界上有藤蔓植物或垃圾，应立即进行清理。

8.6.2　道口管理

机场道口主要分为两类，包括日常运行道口和应急道口，如图 8.16 所示。日常运行道口是供运行人员和警务巡逻人员使用的，也可以供餐饮、油料车、地面服务设备以及维护车辆进出机场使用；应急道口是供应急救援车辆使用的，如消防车、救护车等。日常运行道口也可以作为消防道口使用。

日常运行道口的安全保卫设施具有以下要求：一类、二类和三类机场的道口应修建安全检查室、卫生间、雨棚等配套设施，应配置 X 射线安全检查设备、通过式金属探测门、

图 8.16　机场道口

手持式金属探测器、车底检查、车顶检查等设施设备；一类机场道口宜配备爆炸物探测设备；一类、二类、三类机场的道口应设门禁系统、车辆管理系统。

应急道口应符合以下要求：一类、二类机场应急道口应设置入侵报警系统；应急道口的大门在平时应该处于关闭状态，关闭状态的隔离强度应和机场围界一样。此外，应急道口的设置应保证救援车辆在紧急状况时能快速通过。

8.6.3 巡场路管理

巡场路是飞行区巡视车辆、消防救援车辆和场务维修机具的通道，位于航空器活动区围栏（墙）内侧，如图 8.15 所示。

巡场路道面分为沥青混凝土道面和水泥混凝土道面，道面强度和转弯半径要满足机场巡逻车的正常行驶需求；巡场路基础宽度应不小于 4.5 m，路面宽度应不小于 3.5 m，两侧宜有 0.5 m 的路肩；巡场路的设计应保证巡逻人员对航空器活动区和围界警戒区域具有良好的视野。

8.7 机场目视助航设施维护

机场目视助航设施的基本要求如下：各类标志物、标志线应当清晰有效，颜色正确；助航灯光系统和可供夜间使用的引导标记牌的光强、颜色、有效完好率、允许的失效时间，应当符合《民用机场飞行区技术标准》（MH5001—2021）的要求。

8.7.1 道面标志维护

机场道面标志线是用油漆喷涂在道面上的，技术指标必须符合国家现行标准。在长时间的风吹日晒以及机轮载荷磨损及油污等影响下，会出现掉漆、起皮、褪色和胶覆盖的问题，影响标志的清晰度，导致驾驶员因看不清标志而发生事故。

为了使油漆标志清晰完整有效，必须加强日常维护工作，对油漆脱落和局部污染要及时补涂刷，涂刷前对有碍于黏结的污染物应先清除，当胎迹污染或其他破坏面积较大，清晰度受到影响时应普遍喷涂一次。当机场日航空器着陆架次大于 210 架次时，道面标志线涂刷频率见表 8.11。

表 8.11 繁忙机场跑道道面标志线涂刷频率建议值

地面标志线类型	涂刷频率
飞机着陆区域的中心线标志	1 次/15 天
瞄准点标志	1 次/季度
接地带标志	1 次/季度
中心圆标志	1 次/季度
其他位置的中心线标志	1 次/季度
边线标志	2 次/年

注：表中数据源自《民用机场飞行区场地维护技术指南》（AC-140-CA-2010-3）。

当机场日航空器着陆架次小于210架次时，应根据接地带的胶泥情况合理确定跑道地面标志线的涂刷频率。跑道上其他地面标志线的涂刷频率可视交通磨损情况合理确定，一般情况下不宜小于2次/年。

8.7.2　滑行引导标记牌维护

滑行引导系统标志牌的制作材料多为反光涂料，要求字迹清晰、反光效果良好，要经常清除灰尘污染，使用年限过久，字迹和反光效果模糊的，应重新刷写或更新。

滑行引导标记牌要定期进行维护，其维护的周期和内容如下。

（1）每日检查维护内容。检查滑行引导标记牌的发光情况，面板有无破损、起泡和脱落、显示字样是否清晰，及时更换损坏的牌面。

（2）每半年检查维护内容。检查滑行引导标记牌内部有无腐蚀和损坏情况，清除内部的污垢和积水，更换失效的密封件。

（3）每年检查维护内容。检查滑行引导标记牌的安装架、易折件、紧固件，如有异常及时处理。

（4）当机场新建成或滑行引导标记牌更新半年内；天气温度骤变或大风、暴雨雪等恶劣天气后；滑行引导标记牌达到一定使用年限或发生滑行引导标记牌损坏等。

8.7.3　助航灯光系统维护

机场管理机构应当定期对助航灯光系统的各类灯具进行检测，保证各类灯具的光强、颜色持续符合《民用机场飞行区技术标准》（MH5001—2021）中规定的要求。

助航灯光系统的日常运行、维护、检查工作应当严格按照《民用机场助航灯光系统运行维护规程》的要求进行。主要维护检查项目应当不低于以下要求。

1. 立式进近灯具的基本维护

立式进近灯具包括进近灯、进近侧边灯、顺序闪光灯和环视灯。基本维护包括日维护、月维护、年维护及不定期维护。日维护主要检查灯具发光的均匀性、颜色、覆盖范围是否正常，顺序闪光灯是否正常，如更换失效的灯泡和破损的玻璃罩及滤色片、清理灯具的遮挡物及玻璃罩上的污垢；月维护主要是清洗灯具玻璃罩；年维护主要是检查顺序闪光灯的户外控制箱是否存在问题。当出现以下情况时，需要对立式进近灯具进行不定期检查维护：机场新建成或灯具更新一个月内；天气温度骤变或大风、暴雨雪等恶劣天气后；灯具达到一定使用年限或发生异常灯具损坏等。

2. 跑道和滑行道灯具

跑道和滑行道灯具分为嵌入式和立式灯具。每日应检查灯具发光的均匀性、颜色、覆盖范围是否正常，如更换失效的发光组件、嵌入式灯具上盖、立式灯具的玻璃灯罩；每周检查并记录跑道警戒灯的两灯交替变化频率；每月检查嵌入式灯盖、清洗立式灯具的玻璃罩；每半年检查一次除跑道外的其他嵌入式灯具上盖的固定螺栓扭矩；不定期检查维护的条件与立式进近灯具相同。

3. 滑行引导标记牌灯光

每日应检查所有滑行引导标记牌的发光情况，更换失效的光源，检查滑行引导标记牌牌面板有无破损、起泡和脱落、显示字样是否清晰，更换损坏的牌面；每半年检查滑行引导标记牌内部有无腐蚀和损坏情况，清除内部的污垢和积水，更换失效的密封件；每年检查滑行引导标记牌的安装架、易折件、锚链、紧固件，如有异常及时清理，检查滑行引导标记牌的密封情况，更换失效的密封件。当出现以下情况时，需要对滑行引导标记牌灯光进行不定期检查维护：机场新建成或滑行引导标记牌更新半年内；天气温度骤变或大风、暴雨雪等恶劣天气后；滑行引导标记牌达到一定使用年限或发生滑行引导标记牌损坏等。

8.8 旅客登机廊桥管理

8.8.1 旅客登机廊桥的概念和分类

1. 概念

旅客登机廊桥是实现飞机与机场航站楼（固定桥）之间的活动联接，供近机位旅客及工作人员上、下飞机通行的封闭通道。

2. 分类

按照结构型式，旅客登机廊桥可分为轮式登机廊桥、柱座式登机廊桥和特殊型式登机廊桥，其中轮式登机廊桥又分为旋转式登机廊桥和旋转伸缩式登机廊桥。轮式登机廊桥和柱座式登机廊桥的区别在于平台能否旋转，轮式登机廊桥是旋转平台，而柱座式登机廊桥是固定平台，如图 8.17 所示。

(a) 轮式登机廊桥

(b) 柱座式登机廊桥

图 8.17 旅客登机廊桥

按照整桥运动（水平运动和升降运动）的驱动方式，旅客登机廊桥分为机电式登机廊桥、液压式登机廊桥和机电—液压混合式登机廊桥。

此外，还可以按照活动通道侧壁行驶，旅客登机廊桥分为金属结构和玻璃结构等。

8.8.2　旅客登机廊桥操作流程

1. 登机廊桥测试准备

登机廊桥操作人员在航班到达前的一定时间（当登机廊桥为单桥或双桥时，提前 10 分钟；当登机廊桥为三桥时，提前 20 分钟）内按照规定穿着工作服、佩戴证件，检查登机廊桥内部设施是否完好、有无可疑物品等；开机到"手动位"，检查显示屏及监视器是否正常；开启油泵，测试升降功能、遮棚罩伸缩功能、登机廊桥桥头接机地板调平功能、桥头转向功能、轮架转向功能、前进功能、倒退功能等是否正常；检查完毕后将登机廊桥退至停桥位置。

2. 登机廊桥靠接航空器

等航空器停稳，机务人员放好轮挡并给出靠桥许可手势后，登机廊桥操作人员开始进行靠桥作业，靠桥必须在航空器舱门关闭状态下进行。

登机廊桥操作员目视前方并通过监视器显示屏观察登机廊桥周边有无人员、车辆及障碍物；操作手柄前进，将登机廊桥缓慢接近航空器；在距离航空器约 50 cm 处停下，调整桥头角度和登机桥高度，低速前行靠桥；靠接航空器舱门时应将桥头中心线对准舱门左侧边沿；靠接完毕后调整接机地板与舱门的水平状态；按下遮篷放出按钮直到遮篷前框两侧紧贴飞机机身；

单桥、双桥、三桥靠接时间分别不应超过 2 分钟、5 分钟、8 分钟；当登机廊桥为三桥时，从前舱门往后分别是 A 桥、B 桥、C 桥，三桥应先对接 A 桥和 C 桥，之后对接 B 桥。

3. 登机廊桥撤离

当旅客完成登机，运输舱单已送达，飞机客舱门关闭之后，才可以进行撤桥操作。

将钥匙开关扳到"手动位"，关闭桥头卷闸门，按下退遮棚按钮使其退到最后位置；前后左右观察有无车辆、人员、障碍物，确认安全后再操作登机廊桥；向后扳动操纵手柄，缓慢将桥后退 1 m 左右；调整轮架方向，使其大致指向停桥时的轮架位置，然后将登机廊桥快速退至停桥位置；将钥匙开关扳至中间的关闭位置，并拔出钥匙。

单桥、双桥、三桥靠接时间分别不应超过 2 分钟、4 分钟、6 分钟。三桥应先撤离 B 桥，之后撤离 A 桥和 C 桥。

8.8.3　旅客登机廊桥巡视检查

为了保障近机位旅客上下飞机的安全，机场管理机构需要对旅客登机廊桥进行检查和维护。

1. 检查内容

在对旅客登机廊桥进行检查时，主要包括以下三个方面。

（1）外观检查。检查廊桥外观是否有明显的破损、变形以及表面腐蚀等，尤其要关注廊桥连接部分的稳固性和密封性。

（2）设备检查。检查廊桥的电气设备、机械设备以及液压设备是否正常运行，尤其检查廊桥的伸缩机构、扶手及照明设备是否完好。

（3）安全设施检查。检查廊桥的防护栏、防滑设施、紧急停车装置等是否完好，确保旅客和工作人员的安全。

2. 检查频率

对旅客登机廊桥检查时，包括日检查及定期检查。日检查是指每天对廊桥进行一次日常检查，主要检查廊桥的外观和设备是否正常运行。定期检查是每季度对廊桥进行一次全面检查，主要检查廊桥的结构稳定性和密封性。

8.9 飞行区排水系统维护

为了及时排走飞行区因雨、雪等原因带来的积水，防止道面积水对航空器运行的安全影响，机场管理机构必须科学、合理地建设机场飞行区排水设施，并对其进行定期维护。

8.9.1 飞行区排水设施的类型

飞行区排水构筑物主要包括钢筋混凝土墙体及盖板明沟、浆砌片石墙体及钢筋混凝土盖板明沟、钢筋混凝土箱涵、预制钢筋混凝土管暗沟、片石或混凝土预制块护砌明沟和土明沟等，如图 8.18 所示。

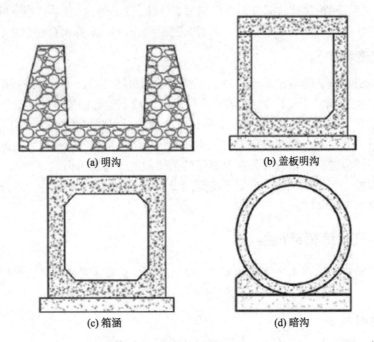

图 8.18　排水构筑物的类型

8.9.2 排水系统维护

飞行区排水系统应采取经常性巡查、专项检查和定期疏通相结合的维护方式。

1. 经常性巡查

在进行飞行区巡视检查时，应检查地表排水构筑物的破损状况，发现损坏时最好采用与原构筑物相同的材料进行维修；每年对强制排水设施进行润滑、清洁等保养工作，保证其正常运行。

2. 专项检查

在暴雨或汛期来临前应对飞行区排水设施进行专项检查，修整道肩外侧高出道面的土体和植被，疏通道肩排水设施，清除主要集水口和明沟内的砖块、泥沙、垃圾等杂物；雨天应随时检查道面积水状况，出现积水应及时疏导，发现堵塞应立即疏通。

3. 定期疏通

以 5 年一遇为标准，日最大降水量大于 50 mm 的机场应每两年实施一次排水系统全面疏通，其他机场应根据自身实际情况定期全面疏通排水系统；冰冻地区机场在冰冻期间排水沟内不得积留大量积水。

8.10 土质地带检查与维护

飞行区土质地带包含升降带、跑道端安全区以及除此之外的其他土质区域。土质地带维护工作主要包括场地平整、除草、种草、碾压及压实度测试。

8.10.1 场地平整

1. 升降带、端安全区平整度要求

升降带、跑道端安全区平整度范围应符合表 2.6、图 2.9 的要求，且在升降带与跑道、道肩或停止道相接处应保持齐平，不得高于跑道、道肩或停止道边缘，同时不得低于跑道、道肩或停止道边缘 30 mm 以上。

升降带、跑道端安全区坡度应符合第 2.1 节中的具体要求。

2. 土质地带平整作业

当土质地带平整度达不到上述要求时，需要对其进行平整作业。土质地带平整作业常用的工具包括推土机、平地机和自卸车等，如图 8.19（a）、图 8.19（b）、图 8.19（c）所示。

(a) 推土机　　　　　　　(b) 平地机　　　　　　　(c) 自卸车

图 8.19　土质地带平整工具

当对土质地带进行填平作业时,填料要求不能含有树根、垃圾和石块,若石块粒径大于 10 cm 时,需要先破碎再填平。在填平时,先用推土机进行粗平,碾压 1~2 遍之后,再用人工作业配合平地机精平 2~3 遍;挖方区应该在土方挖除后再进行精平。

8.10.2 土质地带除草、种草

飞行区土质地带的草要控制一定的高度,草过高会遮挡标记牌,过低可能造成水土流失,一般应控制在 5 cm~30 cm,当草高超过 30 cm 时,机场需要组织除草。对于道肩、助航灯光、标记牌、导航设施及驱鸟设施周边 5 m 范围内应该用人工割草,其他区域可以采用机械割草,如图 8.20(a)、8.20(b)所示。割下的草应及时运走,如果不能及时运走需要在飞行区临时堆放的,堆放位置应距离道肩 15 m。

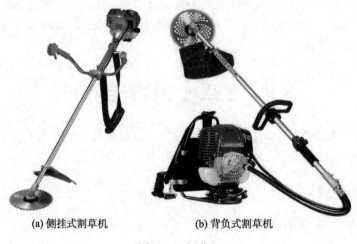

(a) 侧挂式割草机　　　　(b) 背负式割草机

图 8.20　割草机

为了践行四型机场中绿色机场的要求,同时做到驱鸟与生态环境保护相结合,现在很多机场在土质地带种草时,都非常注重生态草种的选择,如冬麦、柠檬、狗牙根、芍药等,这些草既可以固定土壤,防止水土流失,又不生虫、不结籽,很难吸引鸟类聚集,从而达到驱鸟的目的。

8.10.3　土质地带碾压及压实度测量

1. 土质地带碾压

升降带、跑道端安全区内的土质地带应定期进行碾压和压实度测量,一般情况下,每年碾压和压实度测量的次数至少 2 次。

土质地带碾压选择的工具主要是静压式钢轮压路机,如图 8.21 所示。为了提高土质地带的压实度,可以多次碾压,当压实度不能达到要求时,可以选择振动式压路机,二者在碾压时的建议速度见表 8.12。

碾压方向应该从道面边缘向土质地带、从高到低进行顺序碾压;两次碾压重叠区域应

图 8.21 钢轮压路机

表 8.12 土质地带碾压建议速度 单位：km/h

碾压机具	填方区	挖方区
静压式钢轮压路机	1.5～2.0	2.0～4.0
振动式压路机	3.0～4.0	3.0～6.0

注：表中数据源自《民用机场飞行区场地维护技术指南》（AC-140-CA-2010-3）。

在 20 cm～30 cm；碾压过程中应注意保护碾压区域内的导航设施、目视助航设施、驱鸟设备及各种地下管线。

2. 压实度测量

土质地带压实度的测量需要分区域进行。在跑道中心线两端，即两个跑道端安全区应分别作为一个测试区域；在跑道中心线两侧，升降带范围内每 300 cm～800 m 作为一个测试区域。

在选择样本时，采用随机抽样法对每一个测试区域选择不少于 3 个取土点，取土点位置距道肩应小于 75 m，且两个取土点之间距离不得小于 50 m；每个取土点所取土样数量不少于 3 组，每组间隔不得小于 2 m，取样深度最好在地表根植土层以下 30 cm。

压实度测量的内容包括土样实际干密度和标准最大干密度，然后二者比值即为压实度。标准最大干密度的测量应采用重型击实法；土样实际干密度实验可以采用电动取土器法、环刀法、蜡封法、灌水法、灌砂法；土样含水率测试采用烘干法、酒精燃烧法、比重法。以上各种方法介绍参照《公路土工实验规程》（JTG 3430—2020）。

土面区压实度要求不得低于表 8.13 的规定值。

表 8.13 土面区压实度要求

部位		道基顶面或地势设计标高以下深度/m	压实度/%	
			飞行区指标Ⅱ	
			A、B	C、D、E、F
道面影响区	填方	0～1.2（0～0.8）	≥95	≥96
		1.2～4.0（0.8～4.0）	≥93	≥95
		>4.0	≥92	≥93

续表

部 位			道基顶面或地势设计标高以下深度/m	压实度/%	
				飞行区指标Ⅱ	
				A、B	C、D、E、F
土面区	挖方及零填		0~0.3	≥94	≥96
			0.3~1.2（0.3~0.8）	—	≥94
	填方	跑道端安全区	0~0.8	≥85	≥90
			>0.8	≥83	≥88
		升降带平整区	0~0.8	≥85	≥90
			>0.8	≥83	≥88
		其他土面区	>0	≥80	≥85
	挖方及零填	跑道端安全区	0~0.3	≥85	≥90
		升降带平整区		≥85	≥90
		其他土面区		≥80	≥85
预留发展区		填方	>0	≥88	≥88
填方边坡稳定影响区		填方	>0	≥93	≥93

注：表中数据源自《民用机场飞行区土石方与道面基（垫）层施工技术规范》（MH/T5014—2022）。

8.11 跑道侵入

2016年10月11日，在上海虹桥机场，东航 MU5643 航班（A320）接到塔台可以在 36L 跑道起飞的指令后并且确认跑道无障碍的情况下起飞，当飞机滑跑速度达到 110 节左右时，机长突然发现有一架东航 MU5106 航班（A330）正准备横穿 36L 跑道，好在机长迅速接过了操纵杆，以 7.03 度/秒的速率，带杆到机械止动位，最终，A320 飞机从 A330 飞机的上空飞越，未造成人员伤亡。上海虹桥机场跑道侵入示意图，如图 8-22 所示。这是一起典型的跑道侵入事件，事故原因是塔台管制员遗忘飞机动态、违反工作标准。

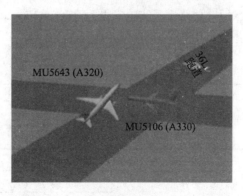

图 8.22 上海虹桥机场跑道侵入示意图

8.11.1 跑道侵入概念

跑道侵入是指在机场发生的任何航空器、车辆或者人员错误地出现或存在指定用于航空器着陆和起飞地面保护区的情况。

机场地面保护区包括机场跑道以及滑行道位于适用的跑道等待位置和实际跑道之间的部分、跑道中线两侧各 75 m 范围内的土面区、ILS 敏感区、ILS 临界区和跑道端安全区，如图 8.23 所示。

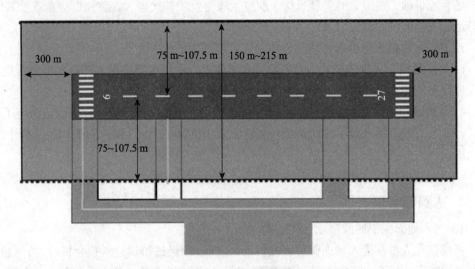

图 8.23 机场地面保护区

跑道侵入事件发生的原因很多，如人为原因、设备故障、环境原因、管理原因等，其中人为原因是最主要的原因，大致可以分为：飞行员偏差、运行失误、车辆或行人偏差。飞行员偏差是指飞行员错误执行指令、准备不充分及操作失误等造成跑道侵入的行为；运行失误是指由于空中交通管制员的差错而导致的不良后果，如两架航空器或多架航空器之间发生相撞，航空器和障碍物（跑道上的车辆、人员、设备等）之间低于适用的最小间隔；车辆和行人偏差是指车辆和行人等在未经许可条件下进入跑道或经许可进入航空器活动区或错误执行管制员指令进入跑道的行为。

8.11.2 跑道侵入事件分类

按照我国《民用航空器征候等级划分办法》（AC-395-AS-01）以及国际民航组织《防止跑道侵入手册》（DOC9870AN/463）的要求，根据事件的严重程度，跑道侵入分为 A、B、C、D、E 五类。

A 类：间隔减小以至于双方必须采取极度措施，勉强避免碰撞发生的跑道侵入。

B 类：间隔缩小至存在显著的碰撞可能，只有在关键时刻采取纠正或避让措施才能避免碰撞发生的跑道侵入。

C 类：有充足的时间和（或）距离采取措施避免碰撞发生的跑道侵入。

D类：符合跑道侵入的定义但不会立即产生安全后果的跑道侵入。

E类：信息不足无法做出结论，或证据矛盾无法进行评估的情况。

8.11.3 跑道侵入防范运行要求

1. 基本要求

为了应对跑道侵入事件的发生，机场管理机构应该成立专门的跑道安全小组，该小组由机场管理机构、空中交通管理机构、航空运输企业或其代理人、航油供应企业及其他与机场运行安全有关的单位组成。

跑道安全小组在跑道侵入防范方面的职责包括以下几方面。

（1）依据相关法律法规，结合各单位意见建议，对机场跑道侵入防范工作进行指导，审定地面车辆和人员跑道侵入防范方案。

（2）负责收集跑道安全有关信息，分析研判跑道侵入防范形势，评估改进防范工作。

（3）负责收集各成员单位对跑道侵入防范工作的意见建议，协调解决防范工作中出现的问题。

（4）研究应用符合本机场实际的跑道侵入防范新技术等。

2. 人员和车辆要求

1）进入地面保护区或机动区作业前

机场作业人员在进入地面保护区或机动区之前，须经过培训且考核合格后，方可进入。未经培训或者考核不合格的人员，确需进入时，应当由符合条件的人员引领，并全程与引领人员保持双向联系，听从引领人员的指令，接受引领人员的监督。

车辆车身喷涂单位名称和标识，标识要与该车执行的任务相关，如执行场道、助航灯光、驱鸟、应急、消防、救护和空管相关任务的车辆标识分别为"场务""灯光""驱鸟""应急""消防""救护""空管"等；车辆顶端安装符合标准的障碍灯，并在工作期间始终开启顶部的灯光。

2）跑道开放运行期间

跑道开放运行期间，在地面保护区或机动区内实施作业的车辆和人员应当遵守以下要求。

（1）作业人员下车作业时，随身携带无线电对讲机与管制员保持联系，离开车辆的距离不得超过100 m；驾驶员应当随车等候并确保车辆处于运行状态；当通信中断时，立即撤离。

（2）在跑道、滑行道实施作业时，车辆应该始终开启大灯和顶部的灯光。

（3）车辆和人员在作业完成后，应当在管制员限定的时间内，或者管制员要求撤离时，迅速检查所携带的工具和材料并清理后，立即退出地面保护区或者机动区。当管制员指定撤离位置时，车辆和人员应当按规定的撤离路线撤离至指定位置。如果因工作需要再次进入地面保护区或机动区时，应当再次向管制员申请。

（4）当车辆和人员退出或者撤离后，应当立即向管制员通报退出或者撤离情况、飞行区场地以及相关设施设备适航状况,并将工作开始时间、结束时间、作业人员姓名、携带的工具和材料、飞行区场地以及相关设施设备适航状况等记录在相关工作日志中。

即测即练

参 考 文 献

[1] 国际民航组织国际标准和建议措施，国际民用航空公约附件 14-机场，卷Ⅰ，机场设计和运行，9 版.2022.

[2] 中华人民共和国行业标准. 民用机场飞行区技术标准（MH5001—2021）[S]. 北京：中国民用航空局，2021.

[3] 交通运输部第 25 号令. 交通运输部关于修改《运输机场使用许可规定》的决定（CCAR-139CA-R4）2022.

[4] 中华人民共和国行业标准. 运输机场总体规划规范（MH/T 5002—2020）[S]. 北京：中国民用航空局，2020.

[5] 中华人民共和国行业标准. 民用航空运输机场飞行区消防设施（MH/T7015—2007）[S]. 北京：中国民用航空局，2007.

[6] 王维. 机场飞行区管理与场道施工[M]. 北京：人民交通出版社，2007.

[7] 曾小舟. 机场运行与管理[M]. 北京：科学出版社，2017.

[8] 李明捷. 机场规划与设计[M]. 北京：中国民航出版社，2015.

[9] 中国民用航空局飞行标准司. 航空器驾驶员指南——地面运行（AC-91-FS-2014-23）[S]. 北京：中国民用航空局，2014.

[10] 中国民用航空局机场司. 运输机场机坪运行管理规则（AP-140-CA-2022-07）[S]. 北京：中国民用航空局，2022.

[11] 潘卫军. 空中交通管理基础[M]. 成都：西南交通大学出版社，2005.

[12] 中国民用航空局第75号令. 中国民航局关于关于推进航空器机坪运行管理移交机场管理机构工作的通知，2013.

[13] 交通运输部2018年第33号令. 运输机场运行安全管理规定（CCAR-140-R2）[S]. 北京：中华人们共和国交通运输部，2022.

[14] 中国民用航空局第170号令. 民用机场航空器活动区道路交通安全管理规则（CCAR- 331SB-R1）[S]. 北京：中国民用航空局，2006.

[15] 中国民用航空局机场司. 运输机场外来物防范管理办法（AP-140-CA-2022-05）[S]. 北京：中国民用航空局，2022.

[16] 空中客车公司. 商用航空事故统计分析报告[M]. 法国：空中客车公司，2021.

[17] 中国民用航空局机场司. 运输机场净空保护管理办法（AP-140-CA-2022-03）[S]. 北京：中国民用航空局，2022.

[18] 中国民用航空局空管行业管理办公室. 民用机场障碍物图——A 型（运行限制）编绘规范（WM-TM-2019-02）[S]. 北京：中国民航局，2019.

[19] 中国民用航空局机场司.民用机场飞行区技术标准（第一修订案）的公告[S]. 北京：中国民用航空局，2024.

[20] 中国民用航空局机场司. 关于印发运输机场跑道表面状况评估和通报规则的通知[S]. 北京：中国民用航空局，2021.

[21] 中华人民共和国行业标准. 民用机场道面评价管理技术规范（MH/T5024-2019）[S]. 北京：

中国民用航空局，2019.

[22] 中国民用航空局空管行业管理办公室. 雪情通告编发规范（AC-175-TM-2021-01）[S]. 北京：2021.

[23] 中国民用航空局飞行标准司. 地面结冰条件下的运行规范（AC-121-50R1-2014）[S]. 北京：中国民用航空局，2014.

[24] 中华人民共和国行业标准，民用运输机场安全保卫设施（MH/T 7003-2017）[S]. 北京：中国民用航空局，2017.

[25] 中国民用航空局发展计划司. 民用机场收费改革实施方案[S]. 2007.12.28

[26] 中国民用航空局机场司. 民用机场飞行区场地维护技术指南（AC-140-CA-2010-3）[S]. 北京：中国民用航空局，2010.

[27] 中国民用航空局机场司. 民用机场助航灯光系统运行维护规程（AP-140-CA-2009-1）[S]. 北京：中国民用航空局，2009.

[28] 中国民用航空局机场司. 旅客登机梯检测规范（AC-137-CA-2016-02）[S]. 北京：中国民用航空局，2016.

[29] 中华人民共和国行业标准. 旅客登机桥（MH/T6028—2016）[S]. 北京：中国民用航空局，2016.

[30] 中华人民共和国行业标准. 公路土工实验规程（JTG 3430—2020）[S]. 北京：中国交通人民共和国交通运输部，2020.

[31] 中华人民共和国行业标准. 民用机场飞行区土石方与道面基（垫）层施工技术规范（MH/T5014—2022）[S]. 北京：中国民用航空局，2022.

[32] 中国民用航空局机场. 运输机场地面车辆和人员跑道侵入防范管理办法（AP-140-CA-2024-02）[S]. 北京：中国民用航空局，2024.

[33] 中国民用航空局航空安全办公室. 民用航空器征候等级划分办法（AC-395-AS-01）[S]. 北京：中国民用航空局，2021.

教师服务

感谢您选用清华大学出版社的教材！为了更好地服务教学，我们为授课教师提供本书的教学辅助资源，以及本学科重点教材信息。请您扫码获取。

≫ 教辅获取

本书教辅资源，授课教师扫码获取

≫ 样书赠送

物流与供应链管理类重点教材，教师扫码获取样书

 清华大学出版社

E-mail: tupfuwu@163.com
电话：010-83470332 / 83470142
地址：北京市海淀区双清路学研大厦 B 座 509

网址：https://www.tup.com.cn/
传真：8610-83470107
邮编：100084